THE SHAPE OF STONE'S HEART
——The Secrets inside Agate

天畫

——玉髓、玛瑙心里的秘密

黎军

中州古籍出版社
·郑州·

图书在版编目（CIP）数据

天画：玉髓、玛瑙心里的秘密 / 黎军著. —郑州：中州古籍出版社，2018.6

ISBN 978-7-5348-7891-6

Ⅰ．①天… Ⅱ．①黎… Ⅲ．①玛瑙—收藏 Ⅳ．① G262.3

中国版本图书馆 CIP 数据核字（2018）第 137858 号

特邀编辑：曹蔚华
助理摄影：黄　伟
英语翻译：陈海英

责任编辑：吕兵伟
责任校对：巴　艳
出 版 社：中州古籍出版社
　　　　　（地址：郑州市经五路66号　　邮政编码：450002）
发行单位：新华书店
承印单位：郑州新海岸电脑彩色制印有限公司
开　　本：889mm×1194mm　　1/16
印　　张：16.5
印　　数：1—2000 册
版　　次：2018 年 6 月第 1 版
印　　次：2018 年 6 月第 1 次印刷
定　　价：298.00 元

未经许可，不得以任何方式复制本书内容，违权必究。
本书如有印装质量问题，由承印厂负责调换。

黎 军

自由摄影师，观赏石鉴评师。从事摄影创作三十多年，在各类媒体上发表过大量摄影作品，百余幅作品在全国影展、影赛中展出或获奖。先后拍摄完成"中国渡槽"和"图纹玛瑙"两大选题，前者从一个侧面反映了我国上世纪六、七十年代水利设施的现状，后者生动展现了象形图纹玛瑙的神奇魅力。于2014年出版《石破天惊——中国象形玛瑙收藏与欣赏》，《天画》是《石破天惊》的延展与升华，是自然艺术的回归与再现。

寄语

四月的赤峰，阳光明媚，春意盎然。摄影师黎军先生不远千里从河南慕名来到内蒙古赤峰，开启了他玉髓、玛瑙选题的拍摄之旅。在短暂的交谈中，得知他是行伍出身，酷爱摄影。令我印象深刻而又肃然起敬的不是他的海洋玉髓、巴西玛瑙专题，而是历时十年之久的"中国渡槽"专题的追踪和拍摄。

我去过位于南太行东麓的林州，参观过"人工天河"——红旗渠，被那种"为有牺牲多壮志，敢叫日月换新天"的豪迈气慨深深打动。在生产力落后、人民群众连温饱问题还远未解决的年代，为摆脱干旱缺水的困境，勤劳勇敢的林州人，苦战十个春秋，用铁锤钢钎打造了一条高 3 米、宽 2 米，长达 70 多公里的"水利长城"。据说在整个红旗渠上仅大小渡槽就有 150 多座，这样浩大宏伟的工程，可谓世界水利史上的奇迹！

拍摄渡槽和拍摄玛瑙看起来风马牛不相及。而实际上，却凸显了黎军先生对人与自然关系的深刻思考和思想转变。拍摄渡槽，着重展现的是人类改造自然、征服自然的伟大壮举，弘扬的是"人定胜天"的愚公精神；而拍摄海洋玉髓、巴西玛瑙，更强调人是大自然的一部分，倡导尊重自然、顺应自然、保护自然，人与自然和谐共处的思想理念。

《天画》的出版是圈子里的一件大事。黎军先生继四年前出版《石破天惊——中国象形玛瑙收藏与欣赏》之后，深思熟虑，缜密筹备，北上南下，连片走访了数十位收藏爱好者，翻看了数以万计的藏品，拍摄了海量的图片资料，从中遴选出近 300 张精致唯美的作品集结成书，没有一种坚韧、执着的精神是难以实现的。执着，来源于黎军先生对艺术的热爱，来源于军旅生涯铸就的军人品格，更来源于他独具慧眼、独辟蹊径的文化自信。

《天画》的出版恰逢其时。当前我国经济下行，产业转型，海洋玉髓、巴西玛瑙价格逆势而上，精品交易频繁。石博会、珠宝展已然成为热门展会，玉髓、玛瑙摊位逐年增多，精品摘金夺银，渐成石界新星。从小众猎奇到大众赏玩，加工、销售、购买的人群不断壮大，已形成星火燎原之势。《天画》一书的出版，如锦上添花，必然会吸引更多的人群关注"石中新宠"，共赏自然艺术的饕餮盛宴。

手捧《天画》，浮想联翩，指染墨香，心生期盼：

——期盼从事书画、摄影、雕塑、音乐的艺术家以及作家、文艺批评家，高校艺术院系的师生等也能欣赏到这种艺术形式，感受到自然艺术的神奇魅力，从《天画》中启发灵感，汲取营养，创作出更多优秀的文艺作品。让美石越来越多地出现在文人墨客的书桌几案，宁心聚神，辉映书斋。

——期盼喜爱观赏石和珠宝玉石的朋友，也能以开放包容的态度对待海洋玉髓、巴西玛瑙，真正视其为观赏石和珠宝玉石界的重要成员，精心呵护、培育成长，让"艺术宝石"与其他石种同台竞技、一展风姿。不断吸收传统文化和流行文化的精华，置座配架、镶金嵌银，打造出独特品味和内涵的艺术精品。

——期盼海洋玉髓、巴西玛瑙的生产厂家、加工农户们珍惜资源，提高鉴赏水平，合理取舍，多出精品，增加收益。同时，多为废料利用找出路，做到物尽其用，让资源充分发挥效益。

——期盼更多投资人参与海洋玉髓、巴西玛瑙艺术品投资，让精品力作同其他艺术品一道，参与更多的拍卖和展出活动。相信该艺术品一定会走出国门，香飘海外，变成全人类共同拥有的物质和精神财富……

"天画"大不足尺，小不盈寸，却内容丰富，包罗万象。我想，凡是有"天画"的地方，一定会多一处亮丽的风景，不同的人都能在这里寻找到别样的精神寄托。

徐惠恩
2017 年 12 月 16 日

序

玛瑙原石的样子并无惊艳之处，当人们对玛瑙进行切割加工时，会惊奇地发现被切开的玛瑙里面原本就是一个五彩缤纷的世界！

人们除了惊叹还是惊叹，没有人臧否画家的布局构思，更没有人置疑画家的风格品位，因为它的"创作者"是大自然，是大自然历经冰火劫掠、千锤百炼而呈现给人类的"视觉盛宴"。

艺术作品，总能给予人视听享受和无限遐思。虽然玛瑙"天画"大不足尺、小不盈寸，然而其内涵丰富、包罗万象。从天然的纹理、图案中，有人感受到中国画的洒脱，写意留白，回味无穷；有人品味到西洋画的严谨，光影透视，唯真唯美；甚至有人发现了白石老人的遗墨，有人找到了梵高大师的画作……在写意与写实之间，在具象与抽象之间，"天画"总能让人插上想象的翅膀，天马行空、纵横驰骋，发现一个又一个的喜悦，收获一个又一个希望。

实践证明，不同地理环境和形成原因，造就了玛瑙不同的"画风"。巴西玛瑙色彩艳丽，性质稳定，人物、动物及丹霞地貌栩栩如生，出神入化；马达加斯加玛瑙晶莹剔透，质彰分明，草花、树木和自然风光似曾相识，如临其境。

马达加斯加玛瑙刚在市场上出现的时候，人们称其为"马料"。或许是机缘巧合，让它与内蒙古赤峰企业家、艺术家、收藏家徐惠恩先生邂逅相遇。徐先生慧眼识珠，敏感地意识到这种名不见经传的美玉具有极高的艺术价值和收藏价值。在他的宣传引领和推广带动下，2011年我国宝玉石和观赏石等领域的专家综合产地、材质、图纹等因素，给它取了个美丽、浪漫、纯洁、梦幻般的名字——海洋玉髓。从此"海洋玉髓"名扬天下，国内低迷的玛瑙市场也焕发了生机和活力。

如果说，不断刷新的成交纪录正在推波助澜，使玛瑙变身"石中新贵"，那么，"天画"就是玛瑙通往高端艺术品的金钥匙，它为人们搭建起了一座物质通往精神世界的桥梁。

中华民族有着七千年的玉文化，自古以来，人们爱玉、赏玉、藏玉，玉成了修身明志、传情达意、美化生活的载体。作为"石之美者"、天然成画的玛瑙，不仅为其增添了独特的魅力和内涵，也为文人墨客带来一方隐逸避世的天地，为大众赏玩提供一个神游寄情的空间。

一幅幅"天画"，不仅让人们领略和感受到人类历史的风云，也让人们从中发现和顾赏到自己的影子，如同爱默生所说，它"就像一面从街上扛着经过的镜子，时刻准备着反射出每一种创造物的形象"。又如禅学《宗镜录》所言："举一心为宗，照万物如镜。"

静观天画，思接千载、视通万里。人们好像感觉到了对时光流逝以及自然变迁的无奈，因而激发起邀游天地、聊寄山水之情怀。一颗被尘俗纷扰的内心，也在刹那间过滤得干干净净。于是，越来越多的人群加入欣赏、收藏玛瑙"天画"的大军中，寻求一份心灵的宁静与自然的回归。

作为摄影人，发现美、捕捉美、展示美，既是天职和爱好，更是责任和义务。如果说，四年前我出版的《石破天惊——中国象形玛瑙收藏与欣赏》，揭开了象形图纹玛瑙神秘的"面纱"，让更多的人认识了图纹玛瑙。那么，四年后推出的这部《天画——玉髓、玛瑙心里的秘密》则是对"天画"艺术魅力和人文内涵的深度挖掘。

《天画》实际上是《石破天惊》的扩展和延续，是对图纹玛瑙的再思考、再创作，是顽石变身艺术的飞跃。

我们欣赏《天画》的同时，还须重新审视人类生活与大自然浑然天成而又唇齿相依的关系。大自然馈赠人类多姿多彩的艺术佳品，我们理应心怀感恩，回报大自然以更为美好灿烂的明天。

黎 军

2017年8月26日

Preface

—

A crude agate is as common as a stone. However, once it was cut down, one can find a gorgeous colorful world of paintings inside!

Seeing the beautiful "paintings" inside agate, one can do nothing but admiring. No one can say yes or no to the painter's creative motive or doubt his painting style, because these paintings are a visual feast offered by Great Nature through thousands of years of tolerance of ice and fire.

Art works always bring us enjoyments and endless imagination. Although the agate "painting" is not big enough, their connotation is rich and colorful. The natural lines, shapes and figures offer people various feelings and experiences. Some feel the freedom and abstractness of Chinese watercolor paintings while some feel the concreteness and strictness of Western oil paintings. Some can even "find" the works of QI Bai-shi, a famous Chinese painter. While, some can find works of Van Gogh. These beautiful paintings give people wings of imagination and let them find the continuous surprises and hopes.

It was proved that the different geological conditions and forming causes form different types of agate "paintings". Brazil agate has bright colors. So, the figures and animals in the section are clear and vivid. The agate from Madagascar is crystal and transparent. The grass, flower and natural scenes can be clearly found in its cut section.

Madagascar agate is also called "MA agate" when it entered into Chinese market in the early days. Coincidentally, Mr.XU Hui-en, an entrepreneur, artist and collector in Chifeng, Inner Mongolia, found its great artistic and collective value at the first sight. With his introduction and pushing, "MA agate" was given a romantic and dreamy name——— Ocean Jade Marrow by Chinese experts in the fields of jewels jade and view stone based on its birth place, material and shape in 2011. From then on, OJM is well known around the world, which brought the remarkable recovery of the domestic agate marketing.

The kept breaking transaction records push agate enters into the noble class of the stones. At the same time, agate "painting" has become the gold key to the high-end

artistic works, and a bridge over the gap between material and spiritual world.

Agate and jade culture have gone through 7,000 years in China. They are found, appreciated and collected by scholars, hermits and artists as the symbol of pure soul and undependable spirit. These beautiful stones provide an amazing space for them to enjoy the solitude and meditation.

These special paintings help people understand the changeable world as well as man's reflections, which are just like what Emerson once said, "a mirror being carried on the street is ready to reflect every creature before him". Appreciating these paintings also agree with the theory of Zan which prefers the calm of heart. That is to say, what you see is what is in your heart.

These paintings illuminate man's imagination and thought on the pity of flying time or the change of great nature. Watching them, one's weather-bitten heart can be filtered pure immediately. As a result, more and more people are joining the collection group of agate paintings, searching for the peace of soul and return of nature.

As a photographer, discovering, catching, keeping and displaying beauty are my duties and hobbies. I once published one photo book called *The Incredible Stone——the Collection and Appreciation of Chinese Pictograph Agate* four years ago, which removed the mysterious veil of pictorial agate and let more people know it. Now, my new work on agate, *The Shape of Stone's Heart——The Secrets inside Agate* is a deep digging on the charm and humanistic connotation of agate paintings.

The Shape of Stone's Heart is the continuator of The Incredible Stone based on the contemplation and recreating of pictorial agate. It is a shift from crude stone to artistic work.

I hope when we read this book, we can review the mutual dependable relationship between man and nature. Great nature presents human beings various gorgeous art works. We should return her a better tomorrow with full of gratitude to her.

Li Jun

Aug. 2017

/ 目 录 /

| 原图欣赏 \ 223 | 天之冥 \ 187 | 天之工 \ 149 | 天之灵 \ 105 | 天之子 \ 55 | 天之影 \ 01 |

SHADOWS OF HEAVEN

天／之／影

影通"景"。在逆光下,玛瑙透明或半透明的底子上会呈现各种各样的风景:山川河流、树木花草,雨雾霜雪、日月星辰……在季节交替中,演绎着春夏秋冬;在风云变幻中,勾勒着流年岁月。"天"之美景,尽在石中。身虽不能至,心向往之,那就给心灵放个假,开启一趟悠远而华丽的旅程吧。

日照丹霞

天边红日映红霞,丝路处处有奇葩。
楼宇嵯峨连山起,石林峥嵘遍地发。
鬼谷巧设迷魂阵,将军率兵密如麻。
鬼斧神工造者谁?万年风蚀雨冲刷。

SHADOWS OF HEAVEN

02 / 03 天之影

家乡的早晨

莫笑农家腊酒浑,丰年留客足鸡豚。
山重水复疑无路,柳暗花明又一村。
——宋·陆游《游山西村》

沙堤红柳

山明水净夜来霜,数树深红出浅黄。
试上高楼清入骨,岂如春色嗾人狂。
——唐·刘禹锡《秋词》

大漠风暴

君不见走马川行雪海边,平沙莽莽黄入天。
轮台九月风夜吼,一川碎石大如斗,随风满地石乱走。
——唐·岑参《走马川行奉送出师西征》

沙漠胡杨

老干虬枝历世桑,新芽嫩叶任风霜。
成林敢锁狂沙舞,独木能将傲骨扬。

孤山路遥

遥遥丝路过孤山,春风吹开玉门关。
长龙负梦万里行,西出国门天地宽。

丝路风云

明月出天山,苍茫云海间。
长风几万里,吹度玉门关。
——唐·李白《关山月》

绿洲之梦

浩瀚沙漠苦如海,春风不度雨不来。
一生只为绿洲梦,治沙之战不言败。

桃源牧归

渔舟逐水爱山春,两岸桃花夹古津。
坐看红树不知远,行尽青溪不见人。
——唐·王维《桃源行》

故乡

两鬓染霜悄无声,故乡久别入梦中。
湖水清凉林木翠,山色温馨土石红。
老屋邻瓦今犹在,燕子呢喃又重逢。
心不服老人不老,岁月不砥思乡情。

东边日出

杨柳青青江水平,闻郎岸上踏歌声。
东边日出西边雨,道是无晴还有晴。
——唐·刘禹锡《竹枝词》

水乡晚唱

人人尽说江南好,游人只合江南老。
春水碧于天,画船听雨眠。
垆边人似月,皓腕凝霜雪。
未老莫还乡,还乡须断肠。
——唐·韦庄《菩萨蛮》

蓬莱仙境

东方云海空复空，群仙出没空明中。
荡摇浮世生万象，岂有贝阙藏珠宫。
——北宋·苏东坡《海市》

Pictorial Agate

乌江赋

壮士不曾悲，悲即无回期。
如何易水上，未歌先泪垂。
——唐·贾岛《杂曲歌辞·壮士吟》

草船借箭

先生羽扇独从容,百万魔消一剑风。
欲识英雄真手段,杯中白水望溶溶。
——明·任乔年《拜风台》

池塘烟雨

山边幽路水边村,曾被疏花断客魂。
犹恨东风无意思,更吹烟雨暗黄昏。
——宋·张嵲《墨梅》

空山新雨

空山新雨后,天气晚来秋。
明月松间照,清泉石上流。
——唐·王维《山居秋暝》

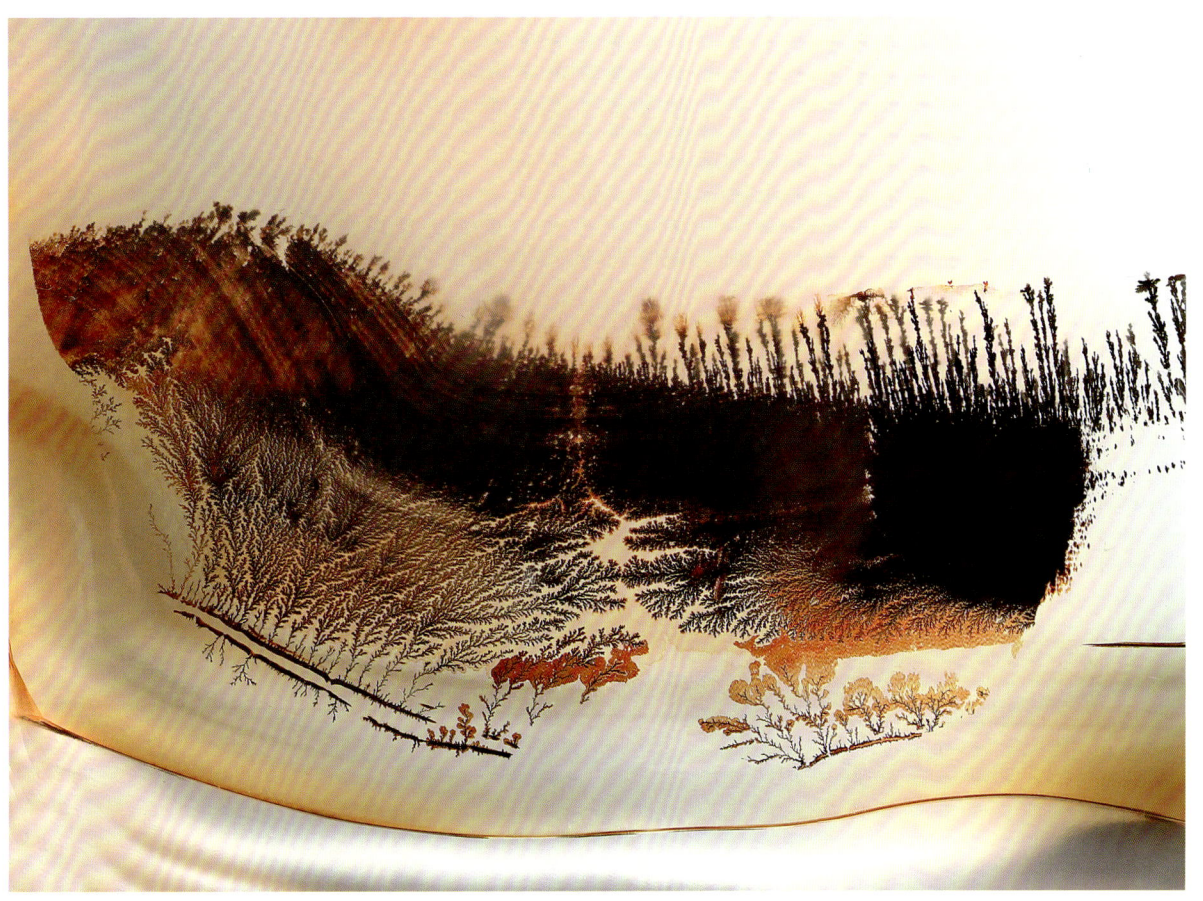

野火春风

离离原上草,一岁一枯荣。
野火烧不尽,春风吹又生。
——唐·白居易《赋得古草原送别》

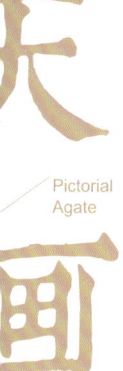

暮荻

芦苇深花里,渔歌一曲长。
人心虽忆越,帆态似浮湘。
——唐·贯休《秋末入匡山船行八首》

飞花

漠漠轻寒上小楼。晓阴无赖似穷秋。
自在飞花轻似梦,无边丝雨细如愁。
——宋·秦观《浣溪沙·漠漠轻寒上小楼》

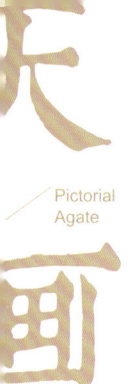

瀑布

欻如飞电来,隐若白虹起。
初惊河汉落,半洒云天里。
——唐·李白《望庐山瀑布二首》

瀑布

日照香炉生紫烟,遥看瀑布挂前川。
飞流直下三千尺,疑是银河落九天。
——唐·李白《望庐山瀑布》

落英

浩荡离愁白日斜,吟鞭东指即天涯。
落红不是无情物,化做春泥更护花。
——清·龚自珍《己亥杂诗·浩荡离愁白日斜》

秋语

忽忽百年行欲半,茫茫万事坐成空。
此生飘荡何时定,一缕鸿毛天地中。
——唐·白居易《风雨晚泊》

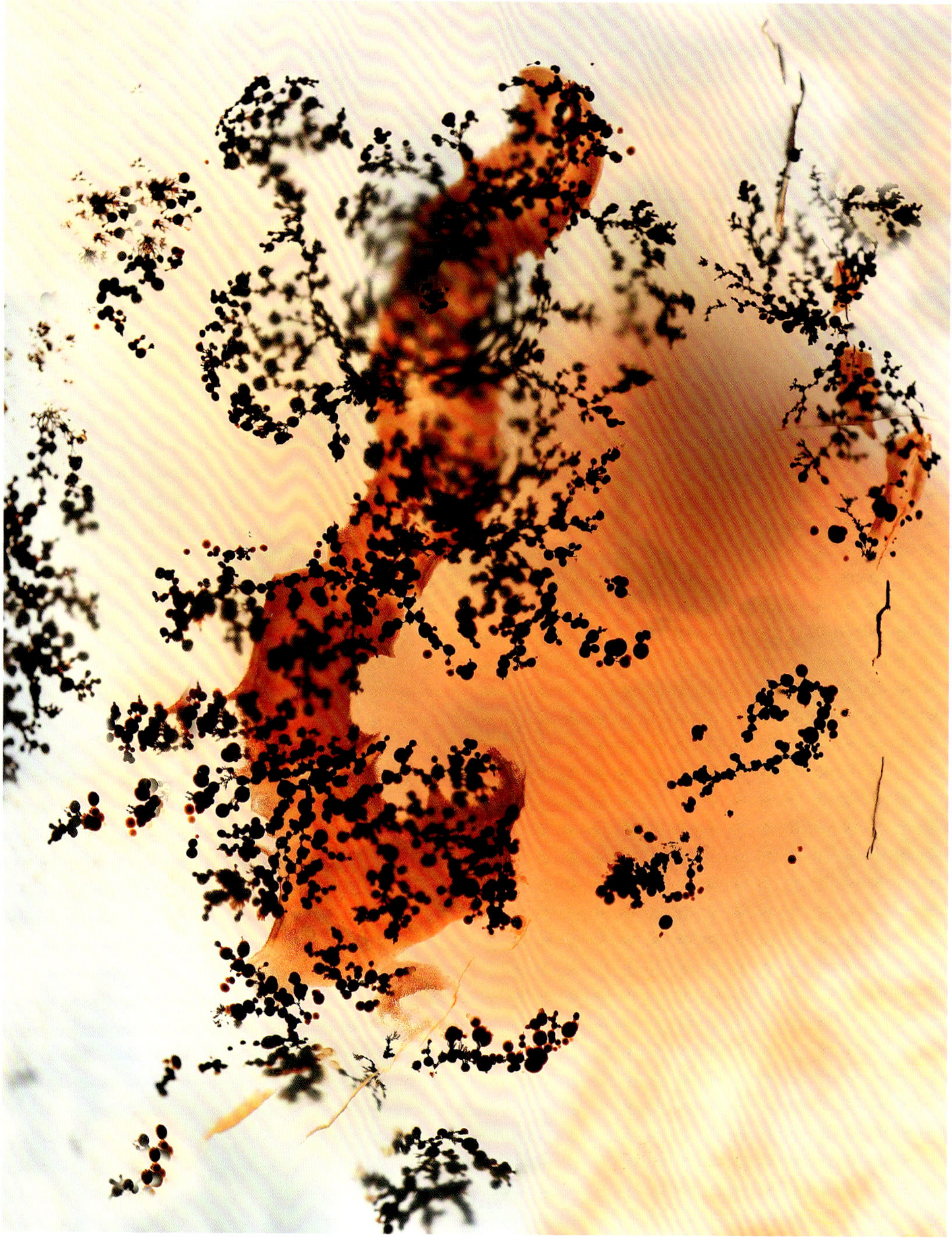

枯木逢春

门前老树百残身,历尽沧桑欲断魂。
昨夜春风吹梦醒,雄姿一展又成荫。

几度梅开

墙角数枝梅,凌寒独自开。
遥知不是雪,为有暗香来。
——宋·王安石《梅花》

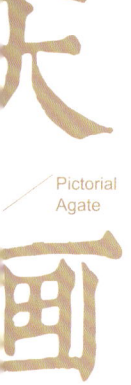

十里桃花

桃花春色暖先开,明媚谁人不看来。
可惜狂风吹落后,殷红片片点莓苔。
——唐·周朴《桃花》

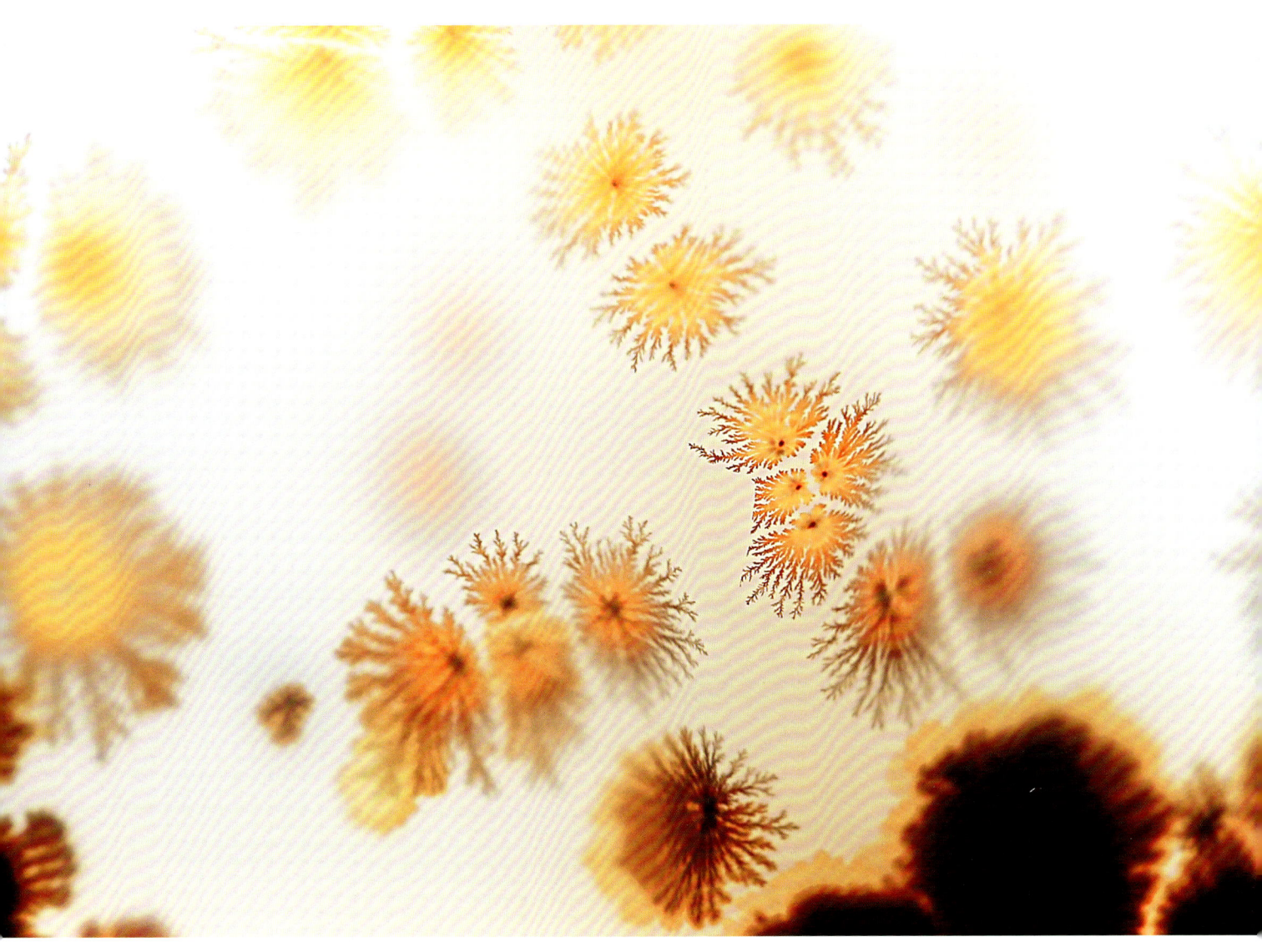

雏菊

秋丛绕舍似陶家，遍绕篱边日渐斜。
不是花中偏爱菊，此花开尽更无花。
——唐·元稹《菊花》

梦萦千岛湖

老树呈秋色,空池浸月华。
凉风白露夕,此境属诗家。
——唐·刘得仁《池上宿》

春早

天街小雨润如酥,草色遥看近却无。
最是一年春好处,绝胜烟柳满皇都。
——唐·韩愈《早春呈水部张十八员外》

西湖秋韵

水光潋滟晴方好，山色空濛雨亦奇。
欲把西湖比西子，淡妆浓抹总相宜。
——宋·苏轼《饮湖上初晴后雨》

在河之洲

关关雎鸠,在河之洲。
窈窕淑女,君子好逑。
——《国风·周南·关雎》

富贵花开

一夜好风吹,新花一万枝。
风前调玉管,花下簇金羁。
——唐·令狐楚《春游曲》

枫彩

清溪流过碧山头,空水澄鲜一色秋。
隔断红尘三十里,白云红叶两悠悠。
——宋·程颢《秋月》

Pictorial Agate

黄土高坡

黄天厚土大河长,沟壑纵横风雨狂。
始祖轩辕龙魂在,子孙处处破天荒。

沙漠之春

老树沙丘幽梦沉,任凭风暴洗年轮。
真情只为惊雷动,绿上枝头又一春。

雁南飞

戍鼓断人行,边秋一雁声。
露从今夜白,月是故乡明 。
——唐·杜甫《月夜忆舍弟》

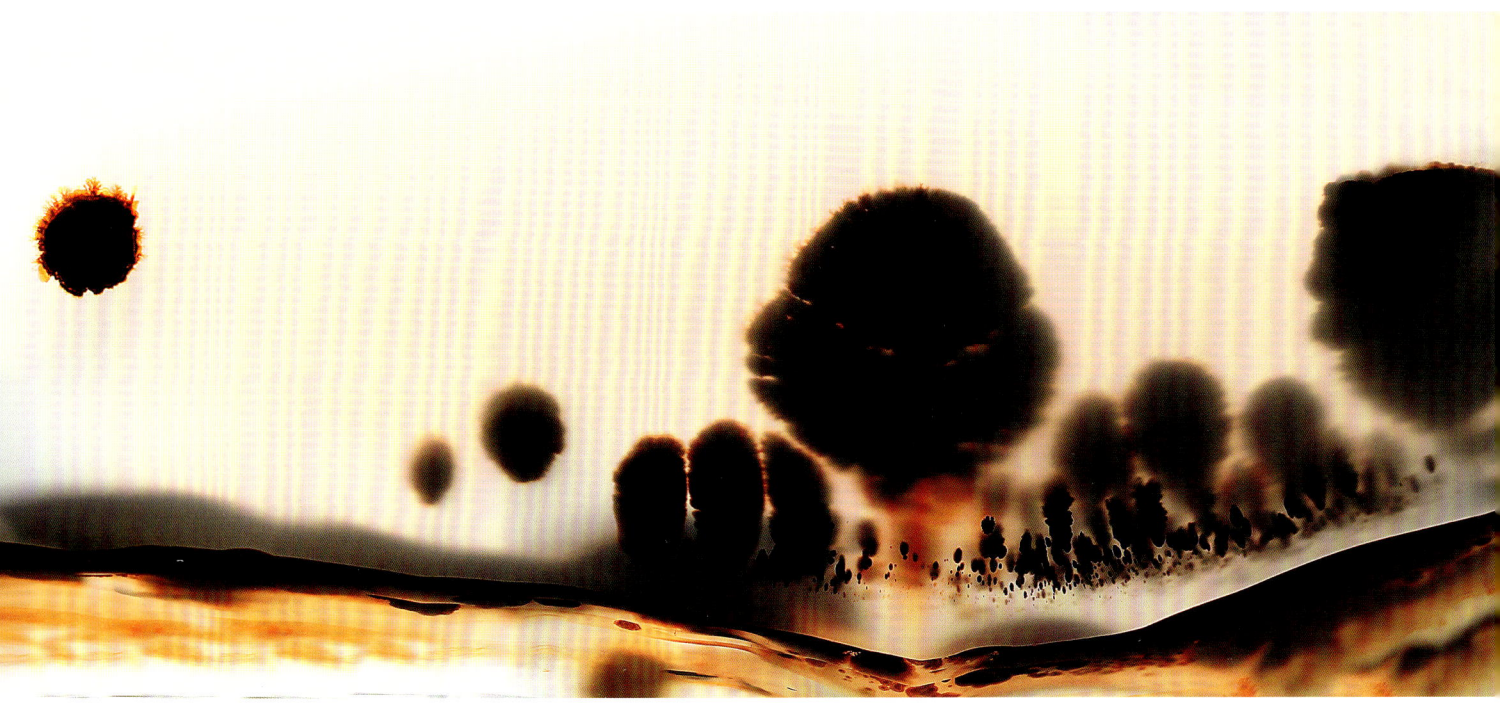

思乡梦

人言落日是天涯，望极天涯不见家。
已恨碧山相阻隔，碧山还被暮云遮。
——北宋·李觏《乡思》

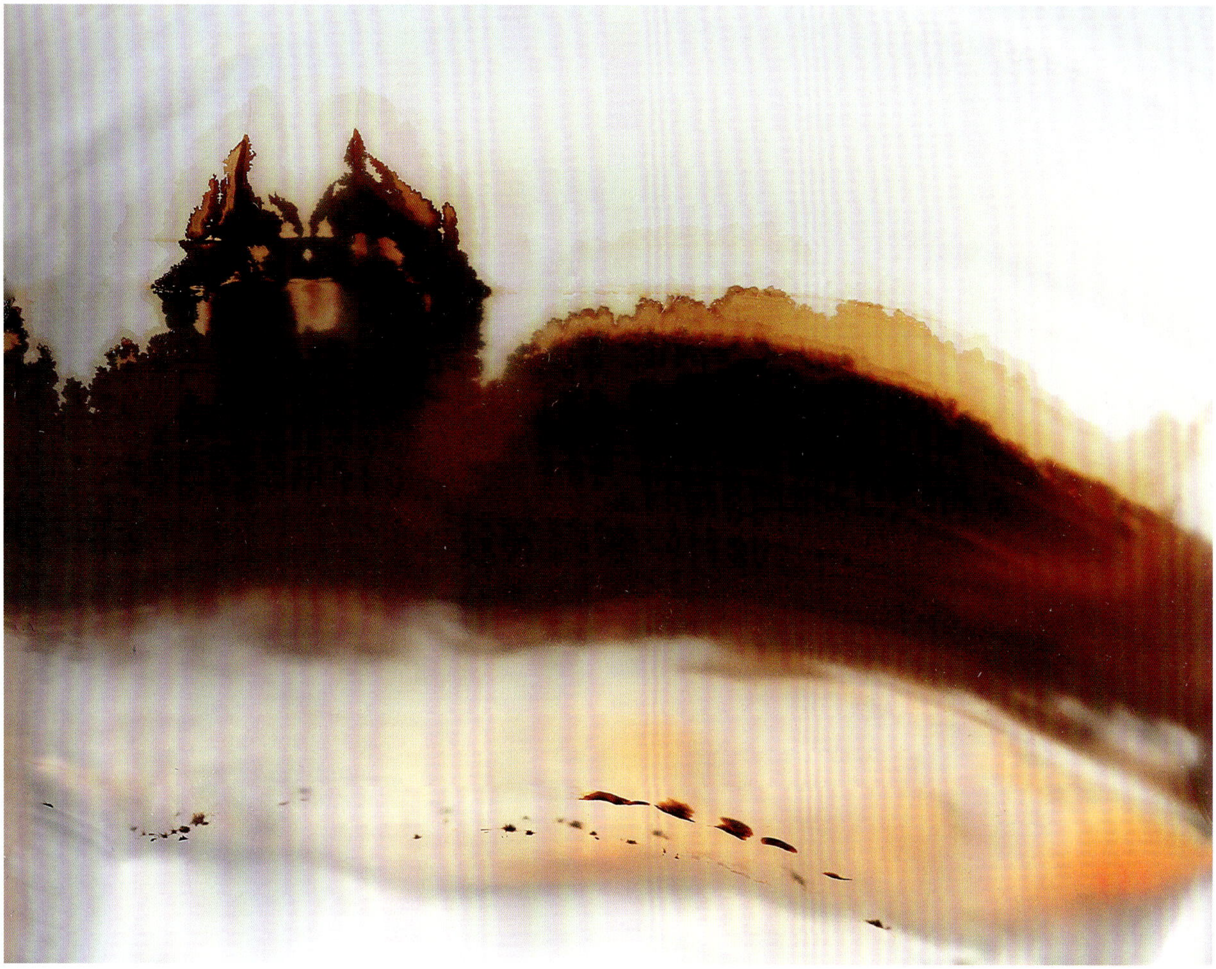

别墅春潮

春潮映杨柳,细雨入楼台。
静少人同到,晴逢雁正来。
——唐·崔涂《春日登吴门》

一剪梅

桃杏漫山总粗俗，旧家池馆尚春风。
道人不作罗浮梦，坐看珊瑚海日红。
——元·王冕《红梅·其十》

劲草

疾风知劲草,板荡识诚臣。
勇夫安知义,智者必怀仁。
——唐·李世民《赠萧瑀》

SHADOWS OF HEAVEN

天涯芳草

枝上柳绵吹又少。
天涯何处无芳草。
墙里秋千墙外道，墙外行人，墙里佳人笑。
笑渐不闻声渐悄。
多情却被无情恼。
——宋·苏轼《蝶恋花·春景》

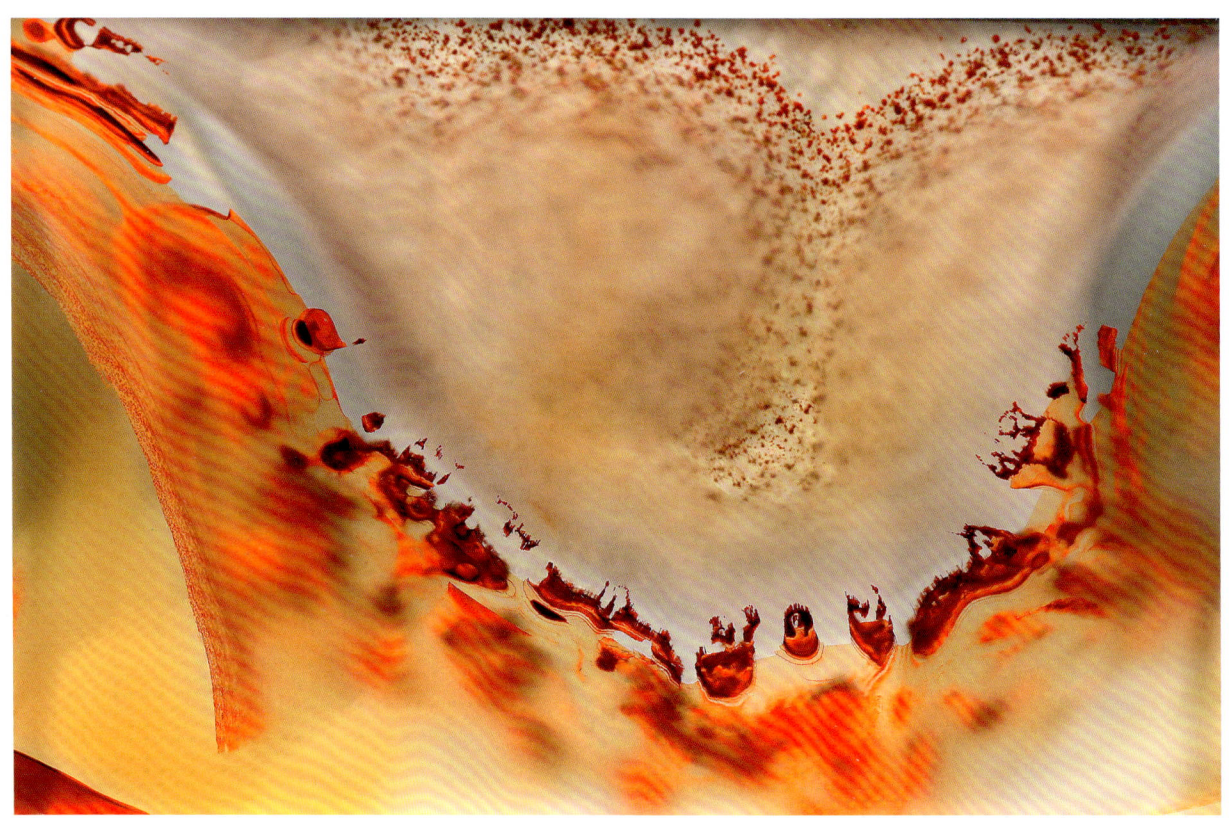

百舸争流

大江泄千里，百舸争流疾。
纵使万重浪，挥桨潮头立。

一叶舟

江上往来人,但爱鲈鱼美。
君看一叶舟,出没风波里。
——宋·范仲淹《江上渔者》

长城

北国风光,千里冰封,万里雪飘。
望长城内外,惟余莽莽;大河上下,顿失滔滔。
——现代·毛泽东《沁园春·雪》

长城

秦筑长城比铁牢,蕃戎不敢过临洮。
虽然万里连云际,争及尧阶三尺高。
——唐·汪遵《长城》

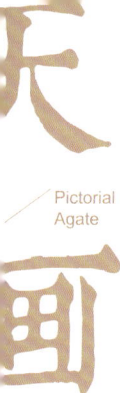

热带雨林

日出光照白，雨过晴碧空。
林海连藤萝，水淼藏蛟龙。

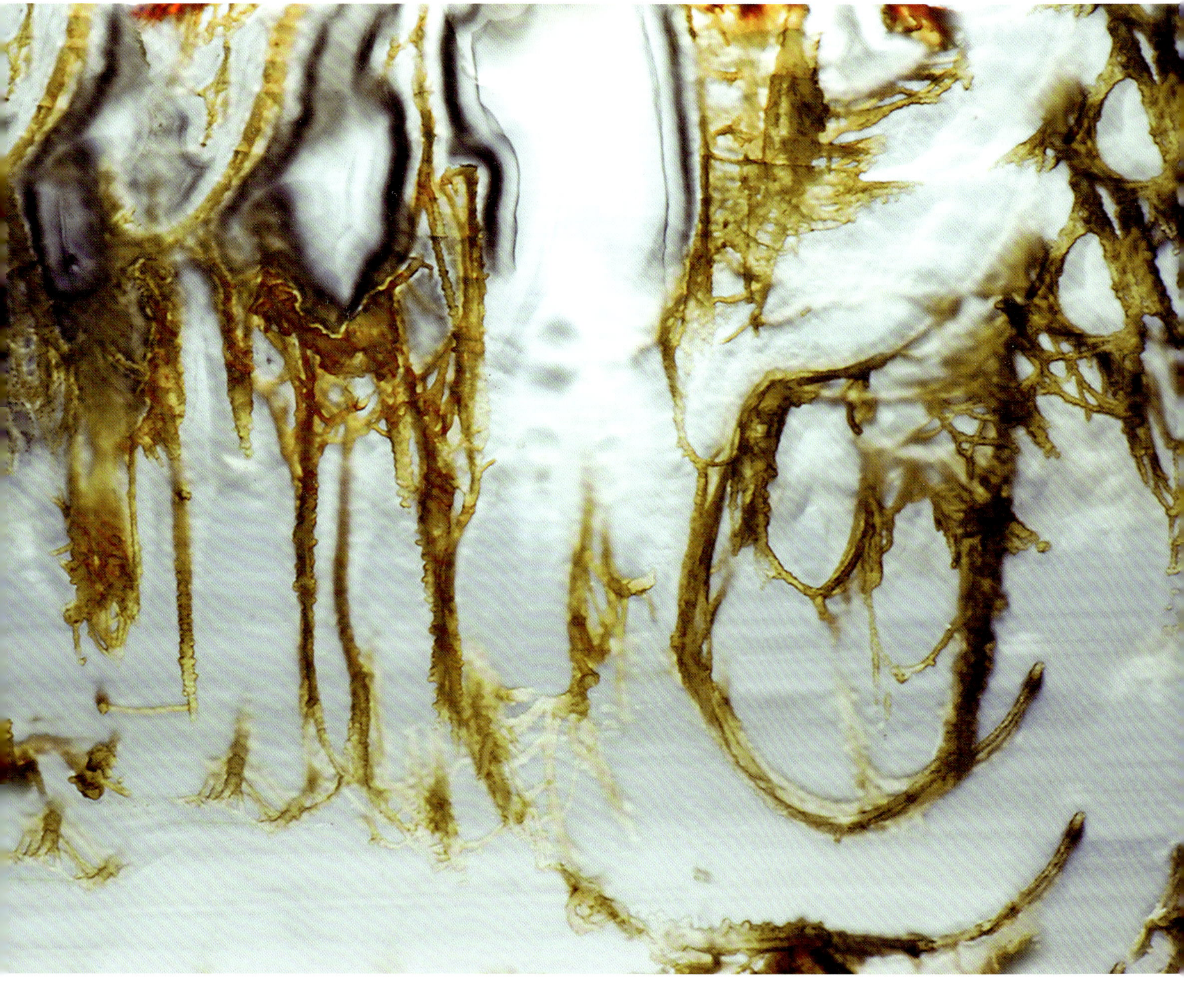

斗转星移

闲云潭影日悠悠,物换星移几度秋。
阁中帝子今何在?槛外长江空自流。
——唐·王勃《滕王阁诗》

椰树

千树榔椰食素封,穹林邀望碧重重。
腾空直上龙腰细,映日轻摇凤尾松。
　　　　　　——明·丘浚《椰林挺秀》

天／之／子

CREATURES OF HEAVEN

世界各民族宗教和神话故事中，关于"造人之说"比比皆是。毋庸置疑，人类来自于大自然，是"自然之子"。人类的智慧改变了自己，也改变了世界。在人类历史舞台上，多少风流人物"你方唱罢我登场"，演绎着剑拔弩张、兵戎相见，演绎着安居乐业、太平盛世，演绎着悲欢离合、爱恨情仇。"天之子"即以"人"为本，再现历史人物图谱，重温往昔风云岁月。

夸父追日

夸父欲摘日,未竟人先死。
河渭水滔滔,邓林香四溢。

中国梦

两条大河长又长,炎黄子孙多梦想。
秦皇汉武俱往矣,羸弱屈辱一扫光。
高山之巅众山小,百川汇聚有力量。
人人有梦勿空谈,巨龙云霄任飞翔。

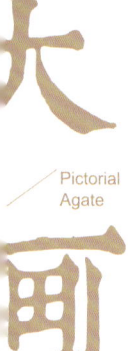

横空出世

毛脸猴腮一美公,横空出世石头中。
筋斗一翻行万里,入海寻宝闹龙宫。

大圣来也

天庭郁闷惹是非,花果山上称大圣。
降妖除怪西天行,苦尽甘来获真经。

慧灯朗朗

入谷逢雨花,香绿引幽步。
溪鸟投慧灯,山蝉饱甘露。
——唐·钱起《归义寺题震上人壁》

天知道

敬畏中正作师表,处世无晦心昭昭。
头上三尺有神明,善恶美丑天知道。

佛主

端坐普陀常入禅,众生有叩遍垂怜。
欲知感应玄妙义,请看一月印万川。

度

浩浩红莲安足下，湾湾秋月锁眉头。
千处祈求千处应，苦海常作度人舟。

达摩面壁

嵩山西麓五乳峰,达摩修行石洞中。
坐禅入定无杂念,面壁九年留佛影。

一叶知秋

山僧不解数甲子,一叶落知天下秋。
——宋·唐庚《文录》

天官赐福

良露初冬十月半,牵砻团子斋三官。
天地水府风调顺,消灾降福国民安。

祈祷

自古先知皆通灵,信念皈依万众从。
朝朝暮暮经文诵,和而不同旨相通。

祈祷

布道者

牧师布道天雨落,福音润物如远歌。
信众心中有博爱,涓涓细流汇成河。

虔诚

时光灭处命光微,到眼繁华转眼非。
莫在险途贪五欲,弥陀日夜望儿归。

——近代·净宗法师

道长

白云黄鹤道人家,一琴一剑一杯茶。
羽衣常带烟霞色,不染人间桃李花。
——宋·白玉蟾《道情》

大巫师

通天通地通古今，知鬼知神知人心。
除病驱魔避灾祸，咒语舞蹈若失魂。

侍从

自幼家贫贱,入宫为宦官。
伴君如伴虎,一步一胆寒。

游说

游说诸侯走四方,破纵连横舌如簧。
师出同门叹弗如,张仪雄才事秦王。

空城记

泪斩马谡失街亭,将士了了守西城。
抚琴焚香城门开,司马中计急退兵。

忠义化身

生死结义聚桃园,忠义仁勇千古传。
单骑尘绝走千里,青龙偃月刀光寒。
过关斩将何所惧,麦城一去不复返。

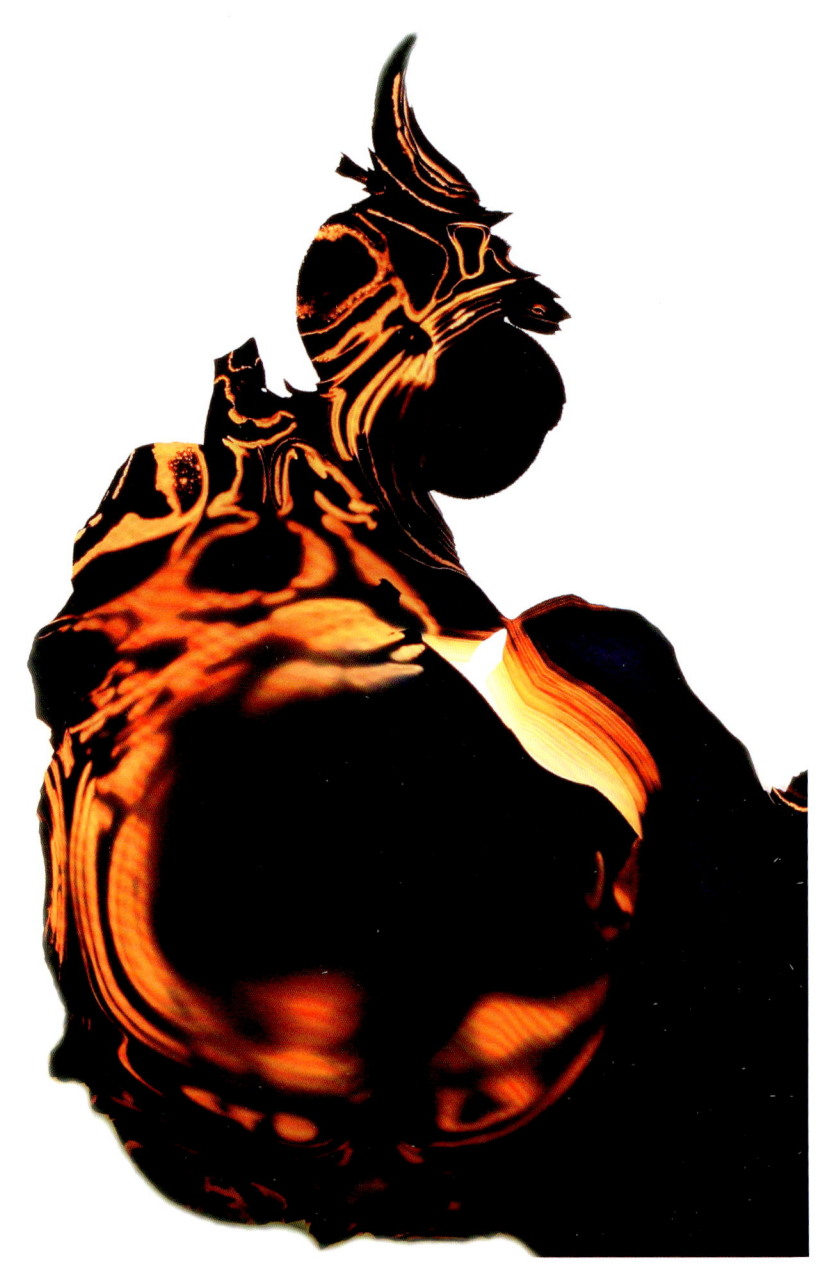

活佛

曾虑多情损梵行，入山又恐别倾城。
世间安得双全法，不负如来不负卿。
——六世达赖仓央嘉措

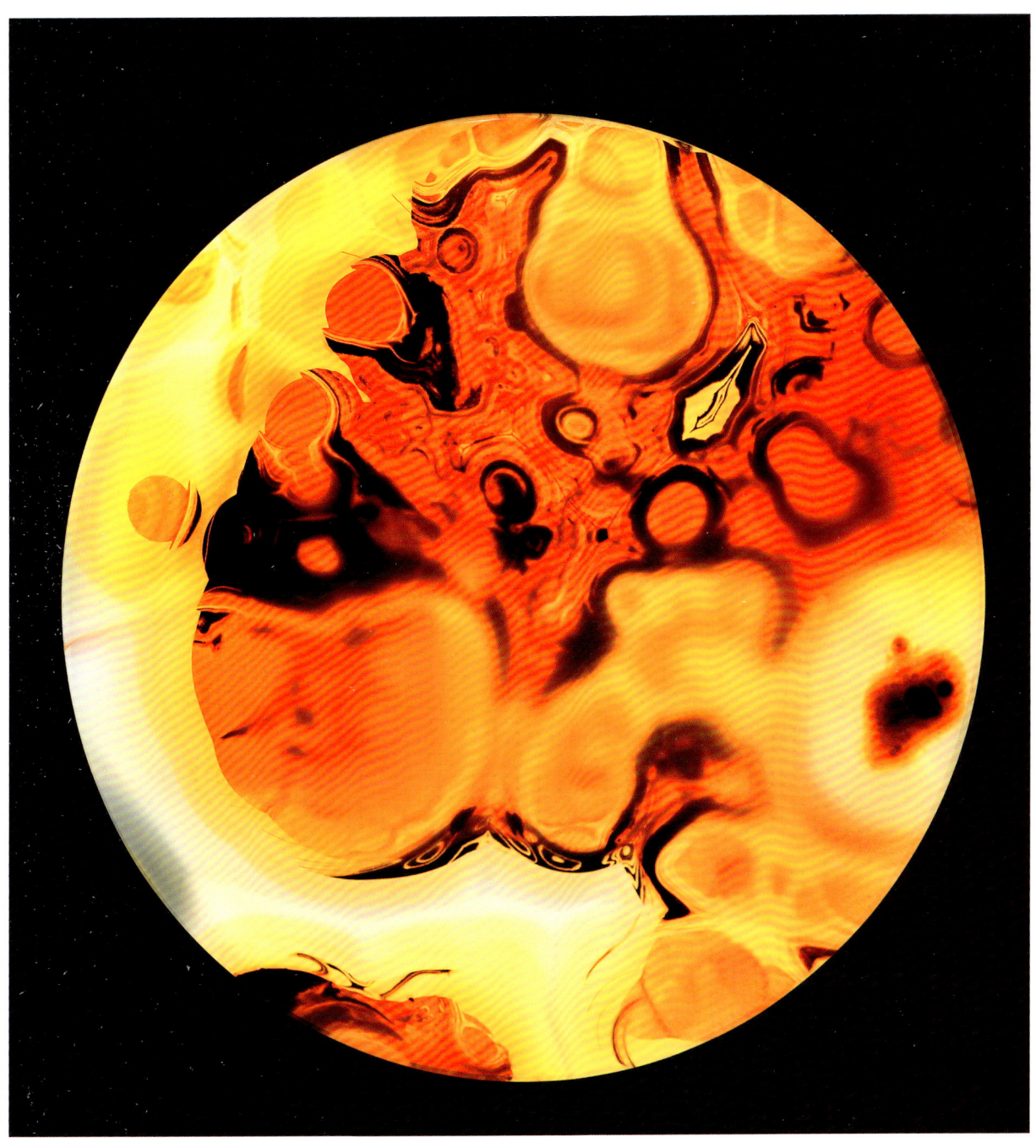

为官

仓充鼠雀喜,草尽兔狐愁。
先哲有遗训,毋贻来者羞。
——宋·包拯《书端州郡斋壁》

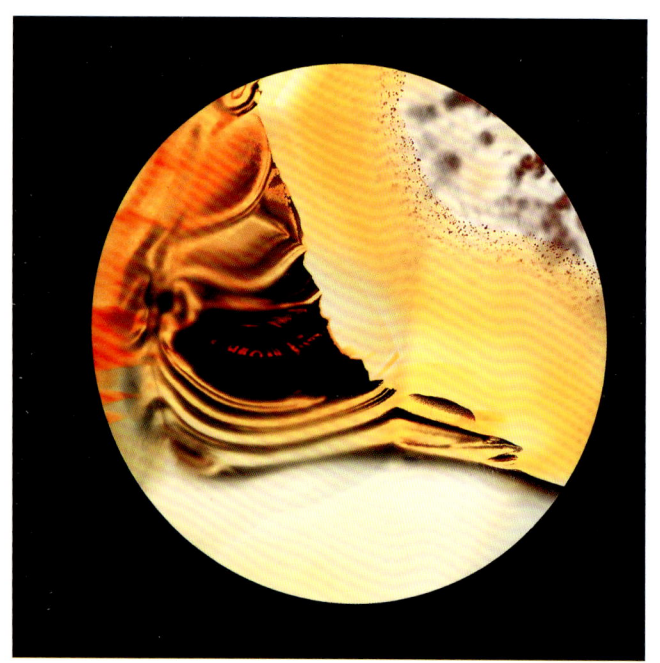

帝国梦魇

沙漠一枭雄，藏匿深山中。
大厦倾其手，战火因其名。
卵击石已碎，树静风欲动。

沙漠晨曦

沙海无边难行舟，烈日炎炎使人愁。
荒凉自有天眷顾，不毛之地产石油。

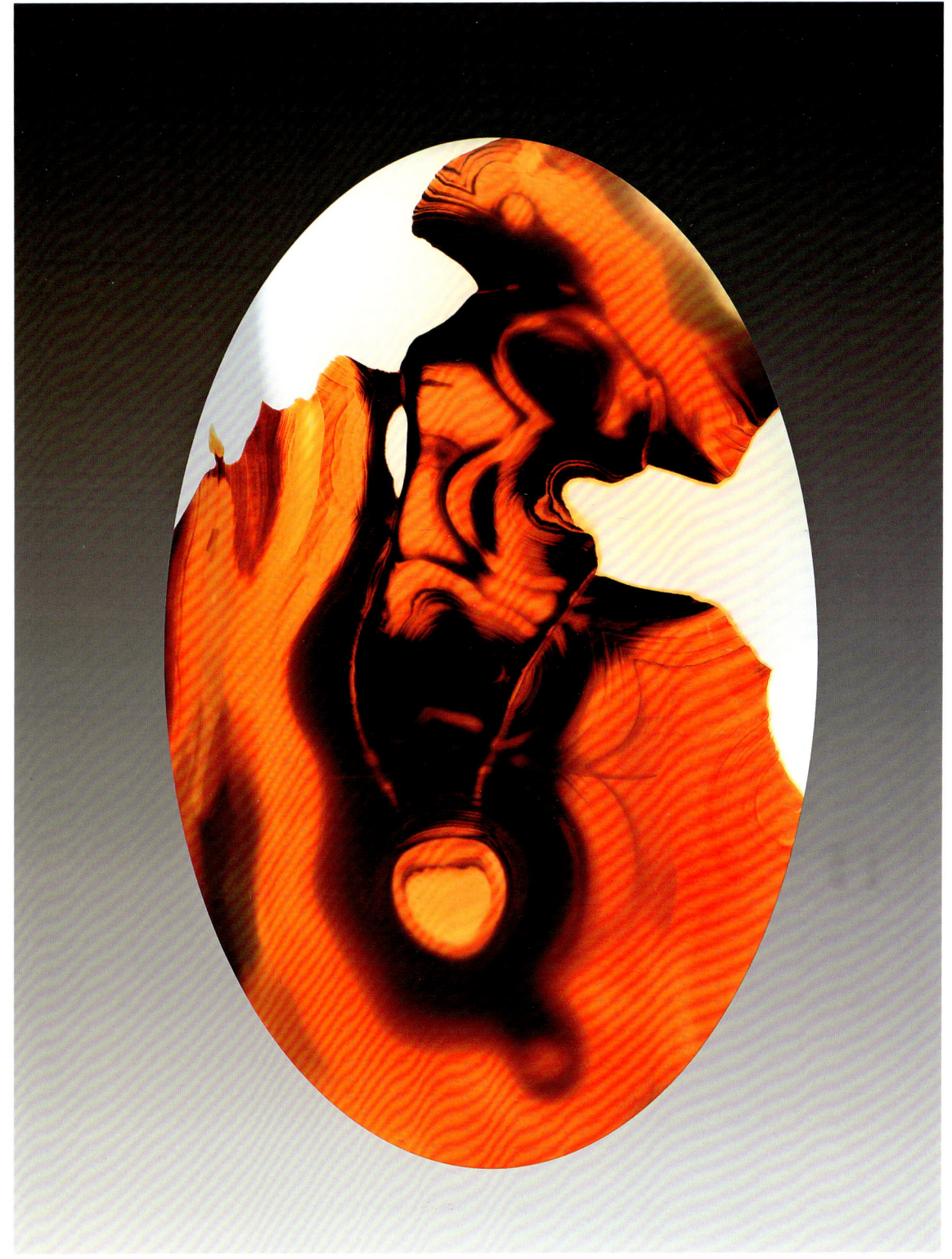

波斯商人

汉唐商道通波斯,丝路花雨落河西。
商队往来驼作舟,话别长安会有期。

等待

枫叶千枝复万枝,江桥掩映暮帆迟。
忆君心似西江水,日夜东流无歇时。
——唐·鱼玄机《江陵愁望寄子安》

含羞半敛眉

四月十七,正是去年今日,别君时。
忍泪佯低面,含羞半敛眉。
不知魂已断,空有梦相随。
除却天边月,没人知。
——唐·韦庄《女冠子·四月十七》

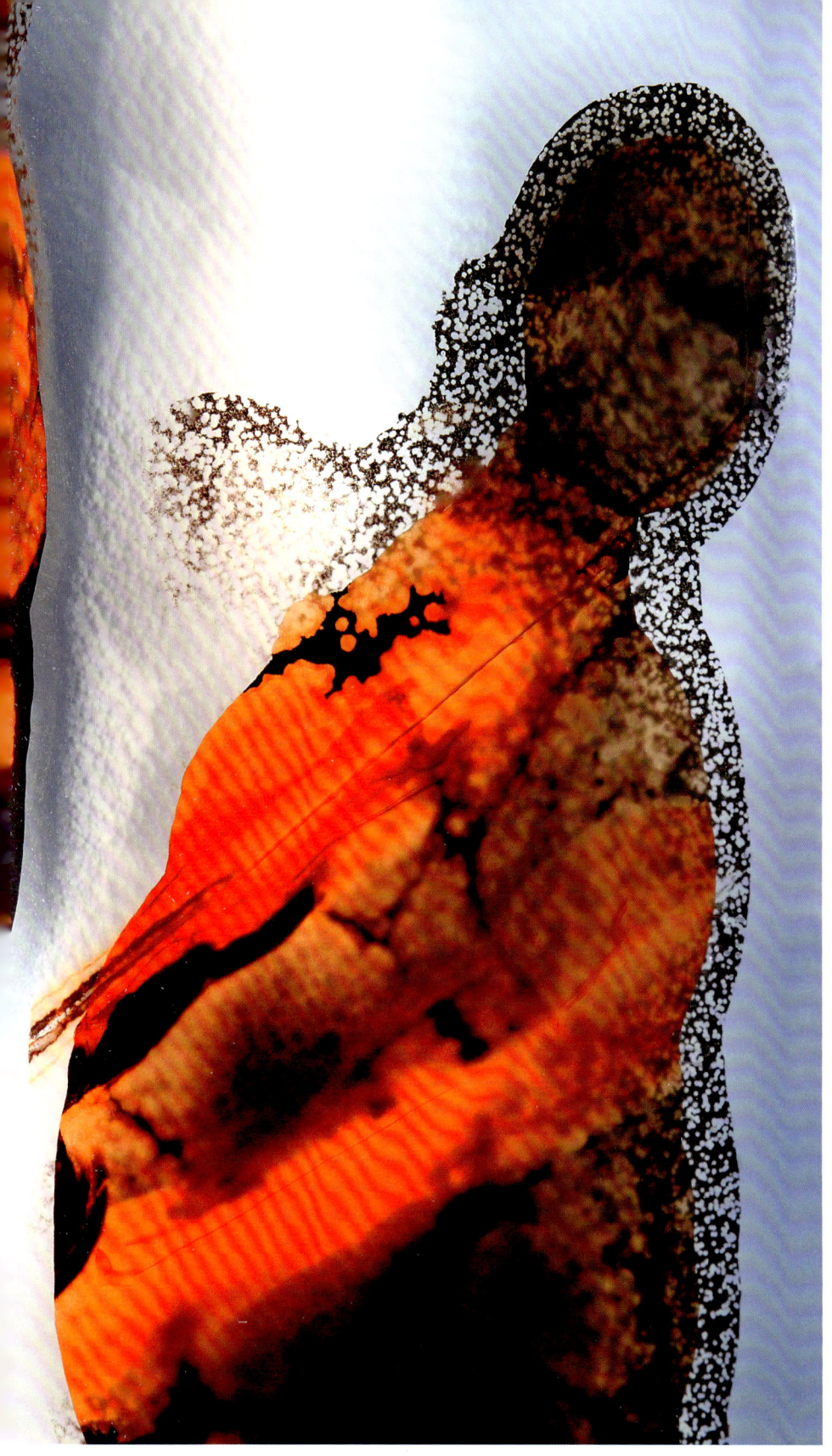

神秘女郎

西行过葱岭,遍览石头城。
梦现红衣女,情断鹰笛声。

掀起你的盖头来

那年慕名游新疆,一路边歌伴风光。
戈壁茫茫无边际,牧场青青遍牛羊。
天池倒映雪山白,绿洲暗渠流水长。
民族团结一家亲,同载歌舞谢歌王。

红嫂

抗战烽火遍齐鲁,沙场处处埋忠骨。
蒙山沂水情意重,乳汁浇灌生命树。

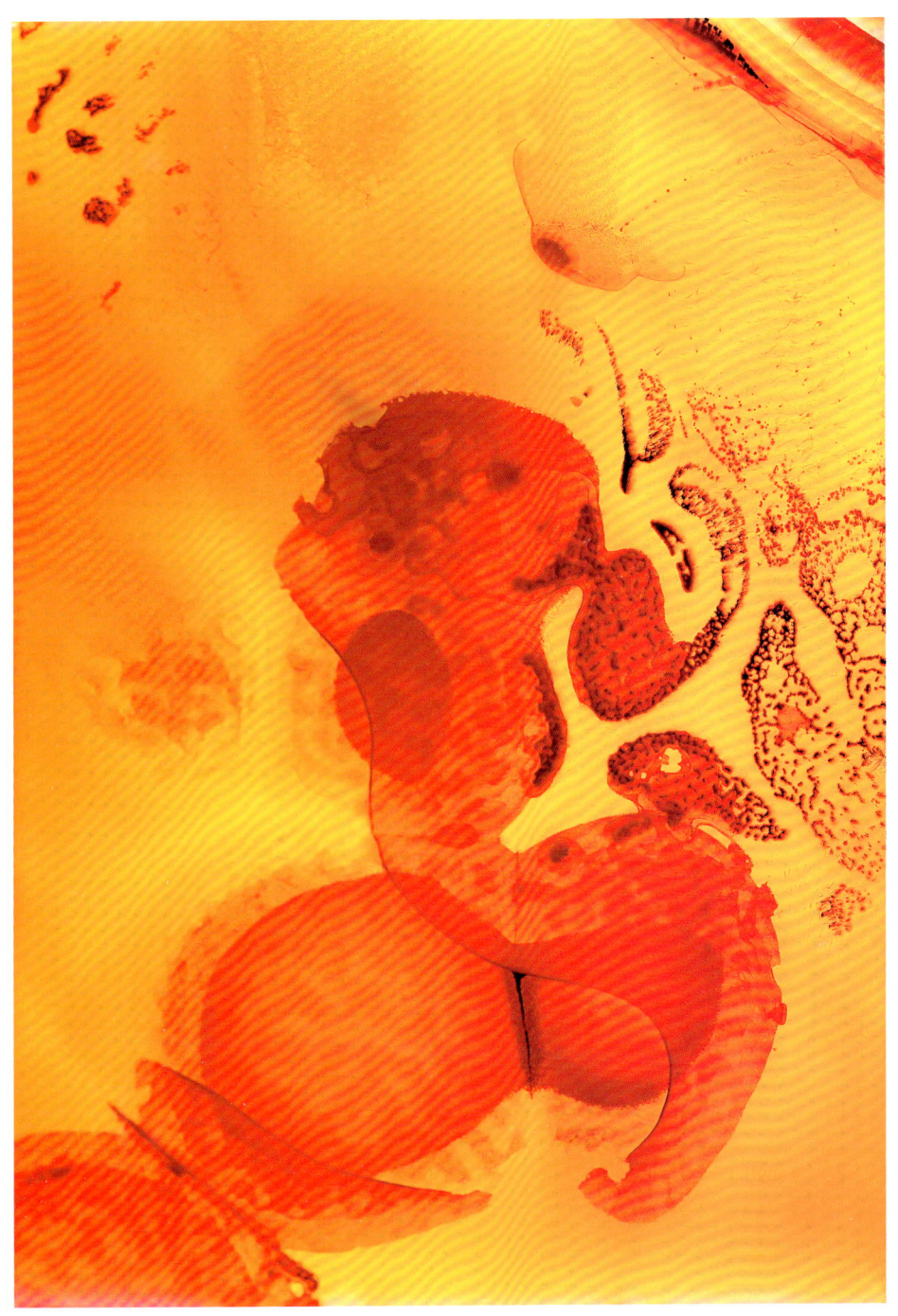

丰乳肥臀

旧时乡里好农家,收完蚕茧忙种麻。
丰乳肥臀子孙旺,柴米油盐酱醋茶。

倭寇

倭寇形矬性凶残，滨海黎民遭劫难。
明将奉旨除倭患，不作不入鬼门关。

钟馗

终南山里有我家,人鬼皆知我姓啥。
三尺宝剑论是非,一路飞雪醉梅花。

加勒比海盗

海中诸岛古不毛,岛夷为生今独劳。
尔来贼盗往往有,劫杀贾客沈其艘。
一民之生重天下,君子忍与争秋毫。
——宋·王安石《收盐》

剑客

十年磨一剑，霜刃未曾试。
今日把示君，谁有不平事？
——唐·贾岛《剑客·述剑》

/ Pictorial Agate

纳粹阴魂

二战祸首化灰烬，硝烟处处飘阴魂。
昆仑之巅向西看，国已不国人非人。
豺狼横行肆意为，精英梦碎无处寻。
断壁残垣家何在？玫瑰茉莉不成春。

狂想

痴人夜梦多，无为慢消磨。
思绪满天飞，落地云烟过。

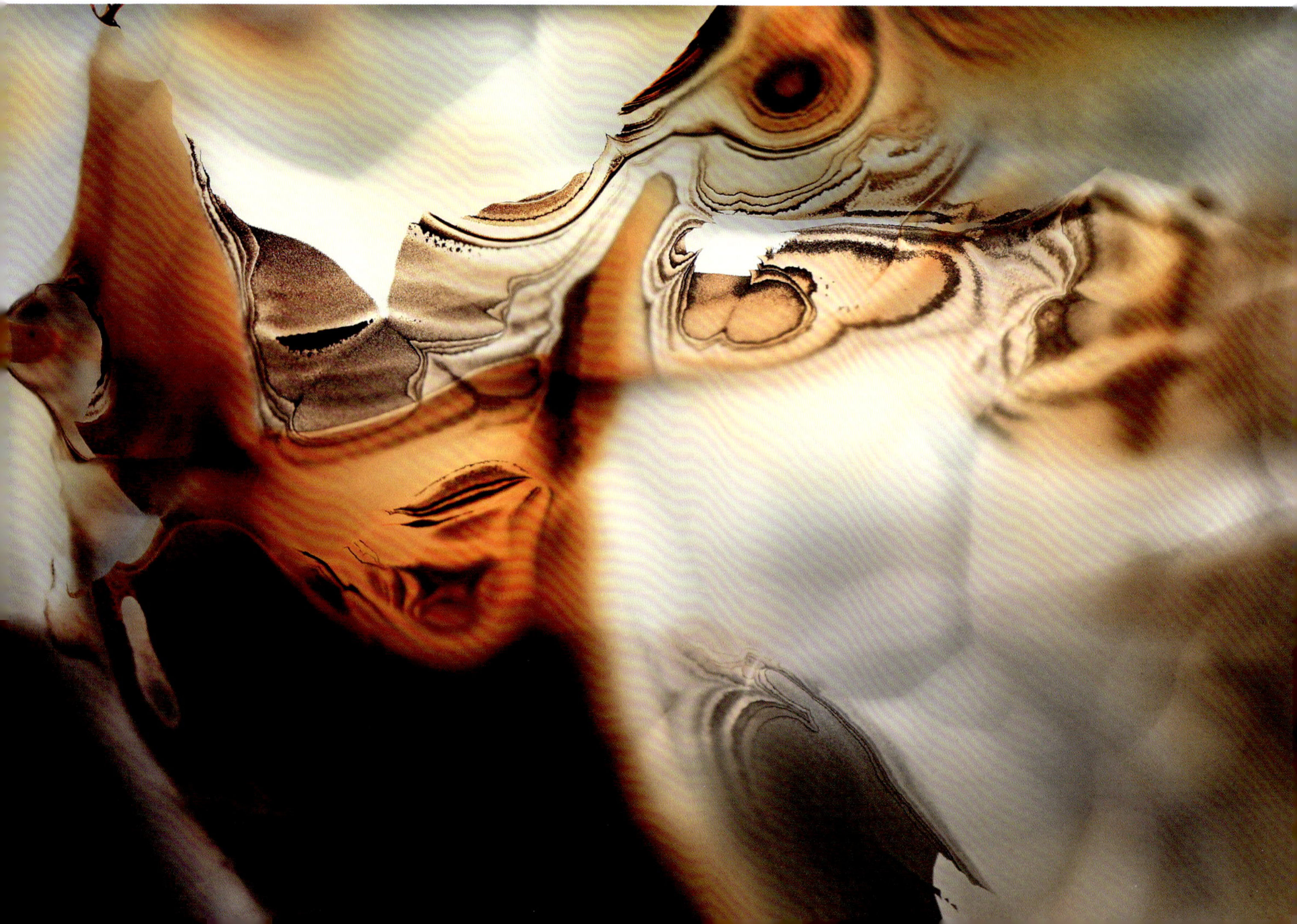

噩梦

到晓不成梦,思量堪白头。
多无百年命,长有万般愁。
莫言名与利,名利是身仇。
——唐·杜牧《不寝》

喜剧大师

蜗牛角上争何事,石火光中寄此身。
随富随贫且欢乐,不开口笑是痴人。
　　　　　　——唐·白居易《对酒五首》

前辈影星

憎恨恶人南霸天,咒骂地主黄世仁。
甘当配角为演艺,笑星还看这家人。

母与子

慈母手中线,游子身上衣。
临行密密缝,意恐迟迟归。
谁言寸草心,报得三春晖。
——唐·孟郊《游子吟》

白头吟

凄凄复凄凄,嫁娶不须啼。
愿得一心人,白头不相离。
竹竿何袅袅,鱼尾何簁簁!
——汉·卓文君《白头吟》

顺风

万缕千丝终不改,任他随聚随分。
韶华休笑本无根。
好风凭借力,送我上青云。
　　　　——清·曹雪芹《临江仙》

捕风者

关上一扇窗,开启一道门。
眼不辨黑白,耳能知风云。

狩猎

老夫聊发少年狂。
左牵黄,右擎苍,锦帽貂裘,千骑卷平冈。
为报倾城随太守,亲射虎,看孙郎。
——宋·苏轼《江城子·密州出猎》

纨绔子弟

弃书捐剑学万人,纨绔儒冠皆误身。
穷途政似不龟手,与世羞为西子颦。
——宋·苏轼《赠李彦威秀才》

同行

千里岂云去，欲归如路穷。
人间无眼日，马上又秋风。
破月衔高岳，流星拂晓空。
此时皆在梦，行色独匆匆。
——唐·杨凝《行思》

CREATURES OF HEAVEN

望乡

海畔尖山似剑芒,秋来处处割愁肠。
若为化得身千亿,散上峰头望故乡。
——唐·柳宗元《与浩初上人同看山寄京华亲故》

角斗士

罗马征战几时休,攻城掠地竟风流。
元老贵族偏嗜好,斗兽场上观角斗。
看台鼎沸人无情,斗士决斗为自由。

外星人

家在茫茫外太空,旅行穿越无影踪。
外表异类君莫笑,肖像巧留玛瑙中。

劳作

日出而作日落眠,面朝黄土背朝天。
祖辈温饱炕头热,子孙苦读弃田园。

SPIRITS OF HEAVEN

天／之／灵

孔子云：和而不同。在这个蓝色星球上，生物物种多种多样，它们和人类一样，诞生于这个星球，成为大自然的"精灵"。同一个地球、同一个蓝天、同一个家园，却有不同的生命形态、不同的生存环境、不同的生存技能。人类与之休戚与共，生死相依，是一个命运共同体。图纹玛瑙里也有一个生物世界、"动物王国"，鹰击长空，鱼翔浅底……形态各异、栩栩如生。人们感悟和而不同之时，更应反思日益严重的生态环境问题，保护好我们赖以生存的共同家园。

安然祥瑞

体态丰腴形似鸡,羽衣褐色白条理。
古人乱世求太平,鹌鹑竟成好画题。

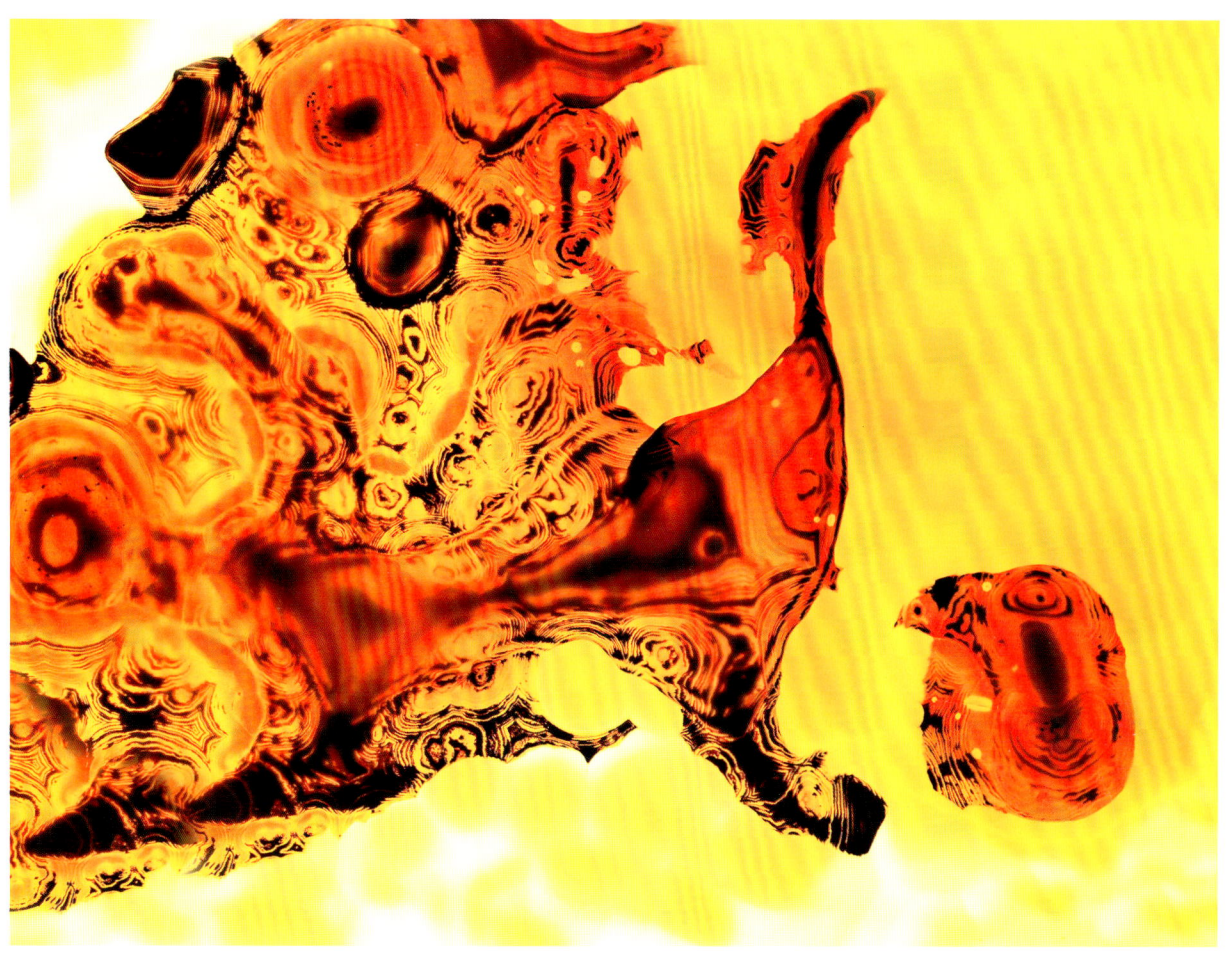

凤求凰

凤兮凤兮归故乡,遨游四海求其凰。
何缘交颈为鸳鸯,胡颉颃兮共翱翔!
——汉·司马相如《凤求凰》

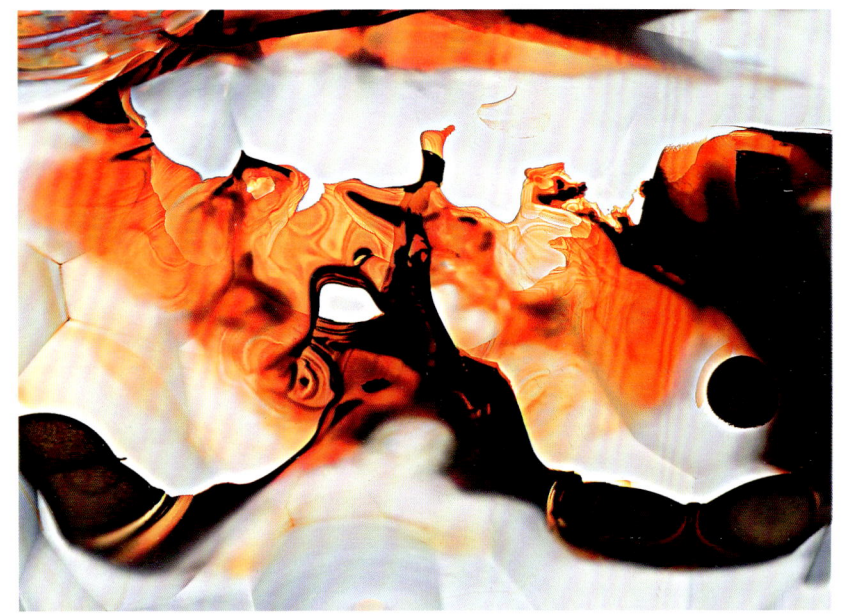

浴火重生

万方国里火凤凰,沙漠深处是家乡。
恩怨情仇五百年,烈火熊熊一扫光。
待到浴火重生时,红羽翩翩化吉祥。

精卫填海

炎帝有女名女娃,东海溺水未回家。
魂魄化作精卫鸟,白喙红足头顶花。
誓言以石填苍海,日夜穿梭西山下。
志鸟无畏轻狂澜,千秋万代传佳话。

飞龙在天

有美为鳞族，潜蟠得所从。
标奇初韫宝，表智即称龙。
大壑长千里，深泉固九重。
奋髯云乍起，矫首浪还冲。
——唐·无名氏《骊龙》

火麒麟

怒海狂澜风云卷，心怀忧患夜难眠。
麒麟送子圣人出，风骚独领数千年。

神龟

一鼓才鸣,水德行香。

看乌龟、波上呈祥。

鼻全喘息,眼眩昭彰。

会戏澄涛,游澄浪,隐然江。

——元·王哲《行香子·一鼓才鸣》

蛟龙出水

天昏地黑蛟龙移,雷惊电激雌雄随。
清泉百丈化为土,鱼鳖枯死吁可悲。

龙时代

沉积岩里埋恐龙,骨骼粗大模样凶。
鳄鱼蜥蜴是近亲,家禽飞鸟亦同宗。

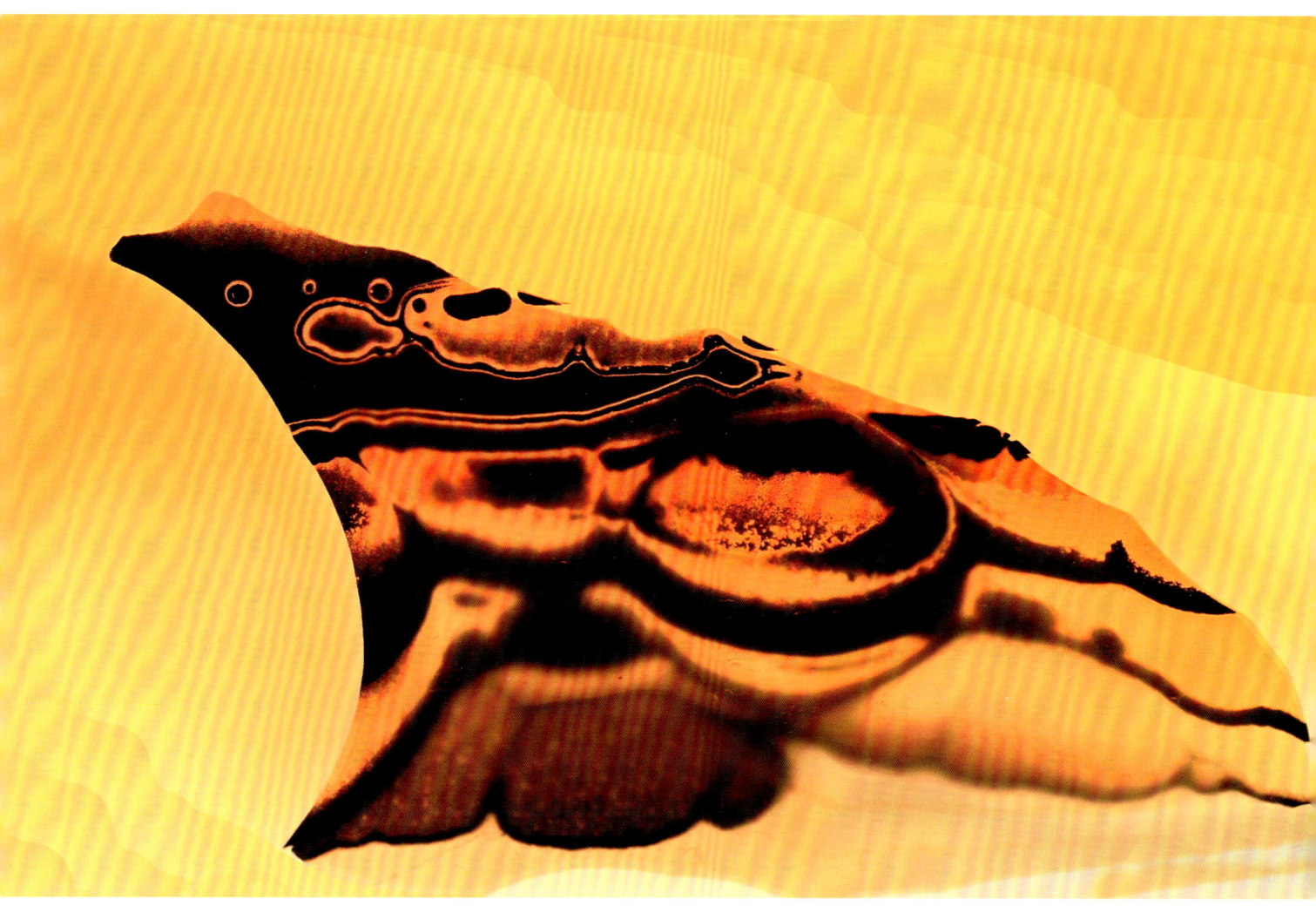

龙时代

如今人类已繁荣,亦步亦趋亦恐龙。
谁料宇宙无穷变,殊途相吊两梦空。

淘气猴

买得幽山属汉阳，槿篱疏处种桃榔。
唯有猕猴来往熟，弄人抛果满书堂。
——唐·于鹄《买山吟》

金丝猴

山中一群金丝郎，唇红齿白圆脸庞。
谷深林密伴鸟飞，尽享幽静好时光。

猿啼

猿啼客散暮江头，人自伤心水自流。
同作逐臣君更远，青山万里一孤舟。
——唐·刘长卿《重送裴郎中贬吉州》

猴号

顶峭松多瘦，崖悬石尽牢。
狝猴呼独散，隔水向人号。
——唐·许棠《登山》

棕发雪人

高山四季雪纷纷，雪山深处藏雪人。
白夜来去无踪影，只留长发大脚印。

花果山

神魔同人也恋窝,无异灵山拜弥陀。
栈云洞中烦恼少,花果山上欢乐多。

倔强

人说倔强像头驴,像驴就有驴脾气。
虽说浑身是力气,不顺毛驴不奋蹄。

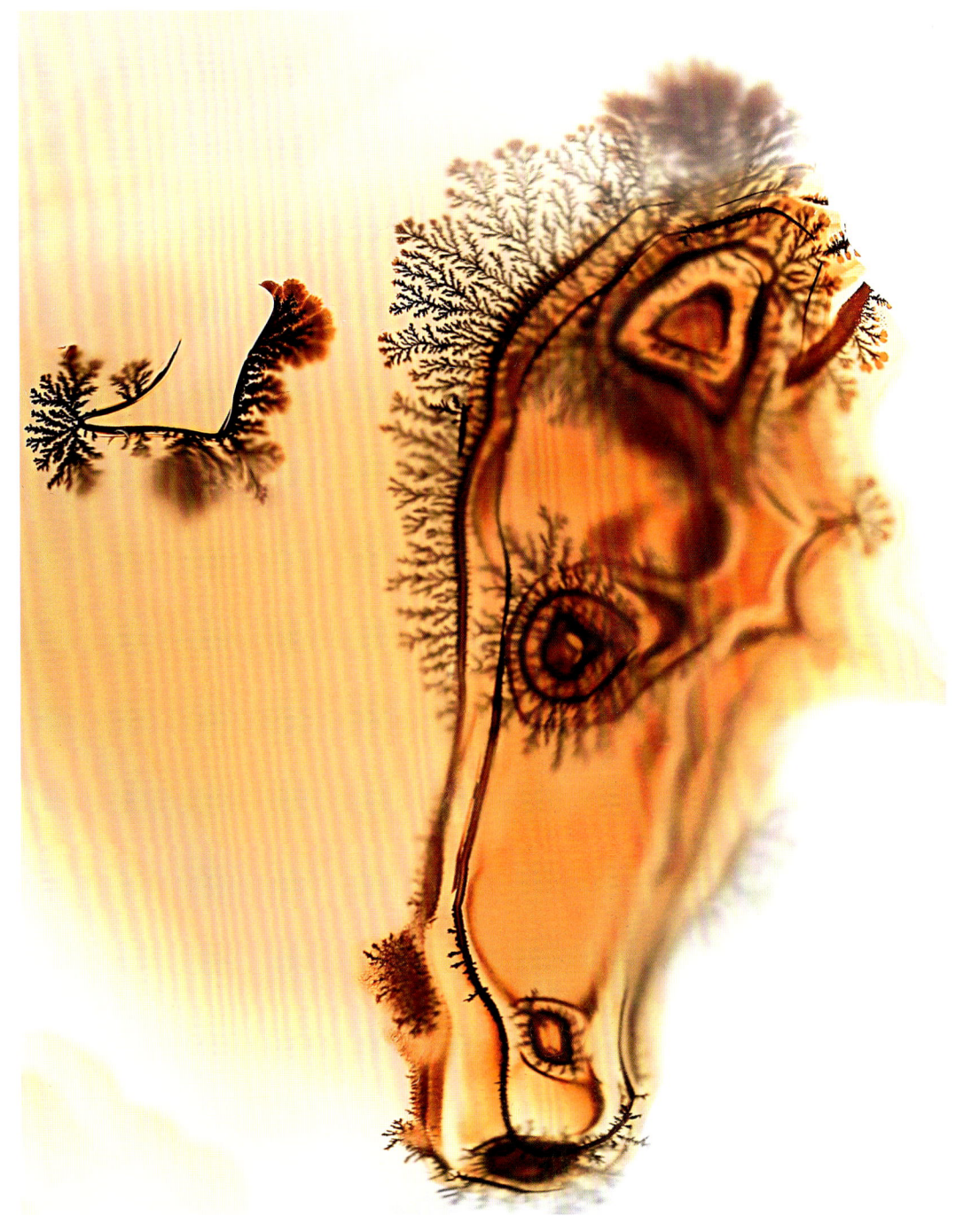

马首是瞻

宝马权奇出未央,雕鞍照曜紫金装。
春草初生驰上苑,秋风欲动戏长杨。
——唐·杨师道《咏马》

狼外婆

豺狼狡诈又凶残,乔装打扮难分辨。
纵使巧设千条计,尾巴终究露外面。

狐帝

溪桥缺断水啮沙，崖腹崩颓风拔树。
虎狼妥尾择肉食，狐狸竖毛啼日暮。
——宋·陆游《木瓜铺短歌》

捷豹

山高谷深溪水长,风吹雨停雾飞扬。
花豹猎食跃山涧,鹿奔豕突狼惊慌。

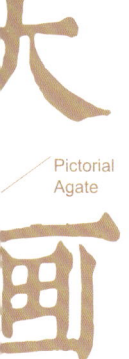

沙漠之舟

塞沙茫茫出关道，骆驼夜吼黄云老。
征鸿一声起长空，风吹草低山月小。
——元·陈孚《居庸叠翠》

虎影

南山北山树冥冥，猛虎白日绕林行。
向晚一身当道食，山中麋鹿尽无声。
——唐·张籍《相和歌辞·猛虎行》

惊兔

秋来无骨肥,鹰犬遍原野。
草中三穴无处藏,何况平田无穴者。
——唐·苏拯《狡兔行》

鹿回首

猎人逐鹿至天涯,弯弓满月欲箭发。
烟波浩渺无前路,凄艳回首心融化。
忽然幻化黎族女,一见钟情带回家。

吉象

盛世祥瑞生紫气,天水一色自相宜。
太平吉象人增寿,家和事兴多福祉。

户外

深秋枯草黄,熊妈愁断肠。
两个熊孩子,哪管冬夜长。

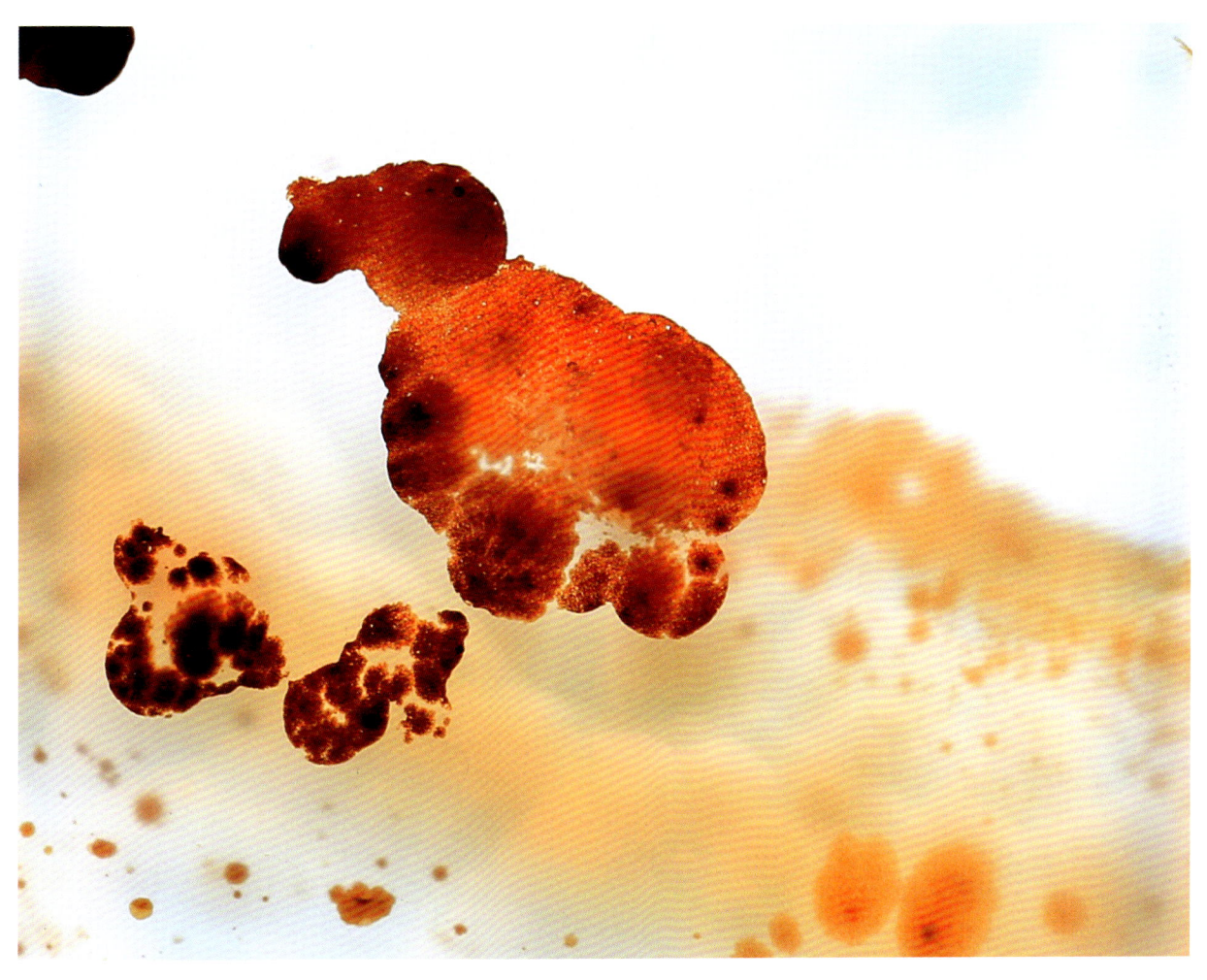

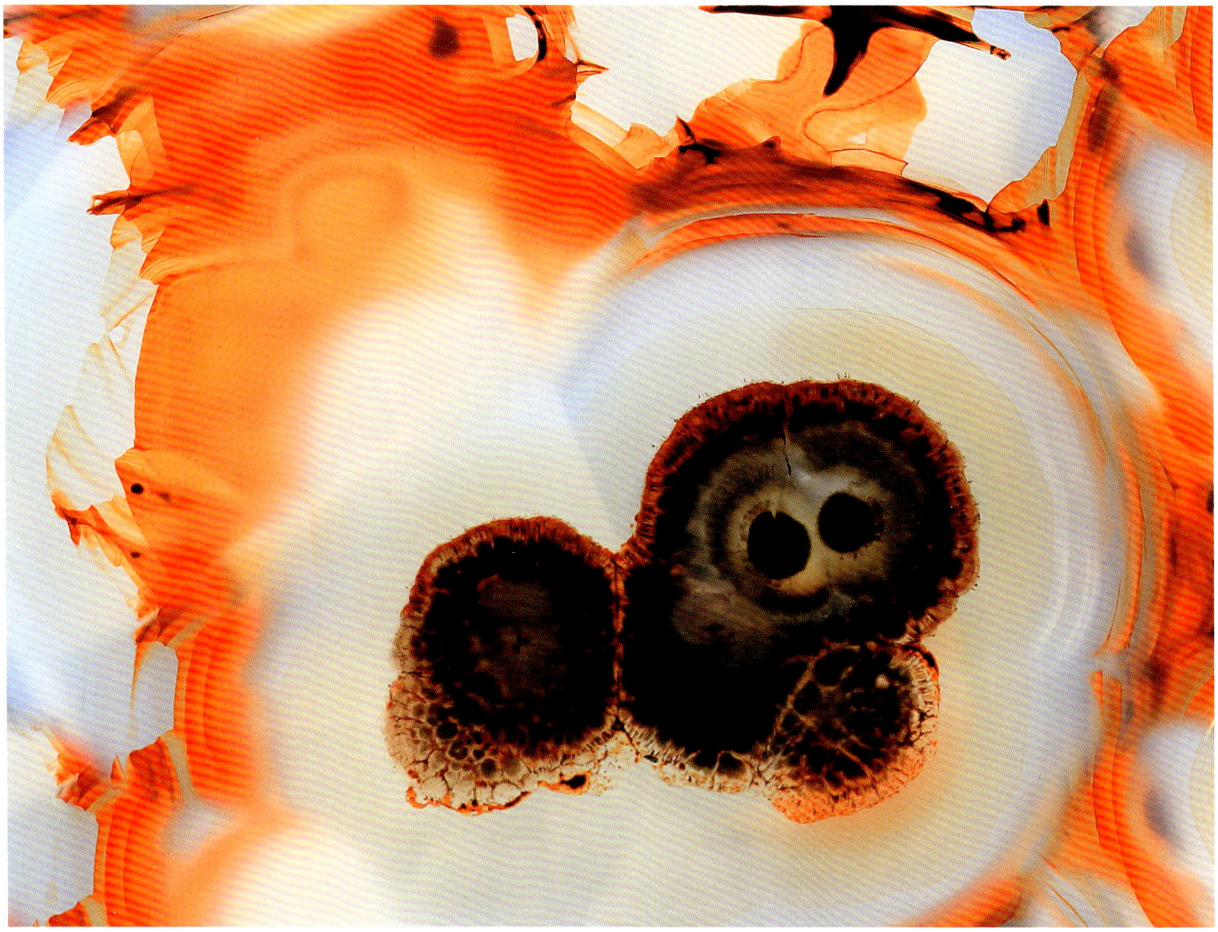

松狮

寒花催酒熟，山犬喜人归。
遥羡书窗下，千峰出翠微。
——唐·钱起《送元评事归山居》

戏蝶

我家懒猫不捉鼠,醒来花间走猫步。
无意惊扰黄蝶飞,捉来不用费工夫。

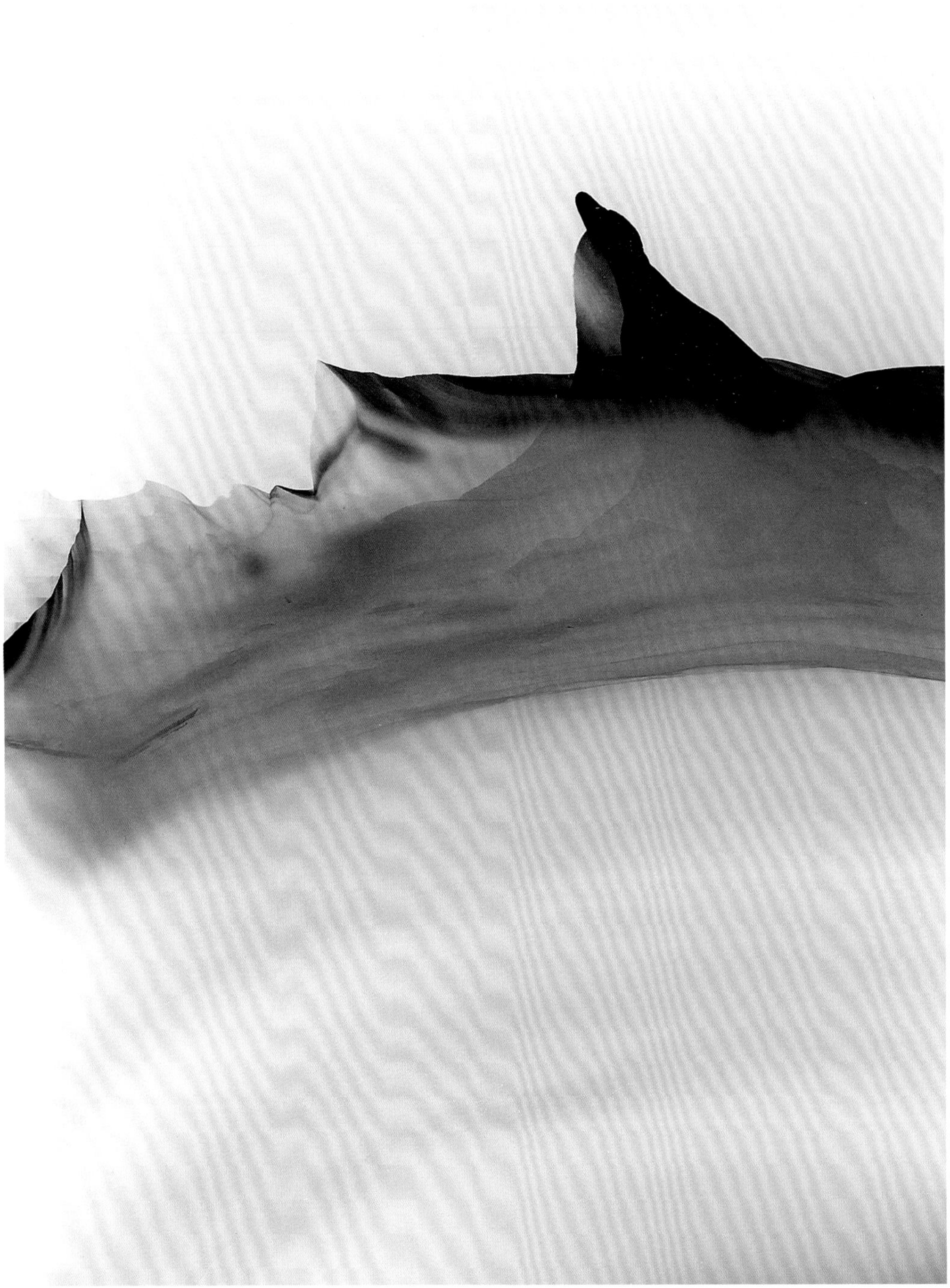

冰原

生在南极走冰原,身穿燕尾不惧寒。
性情温和像绅士,跳进水里似利箭。

岩雀

羽翼黑白两分明,溪畔岩头鬼精灵。
空谷幽林寻不见,忽而近闻鸟鸣声。

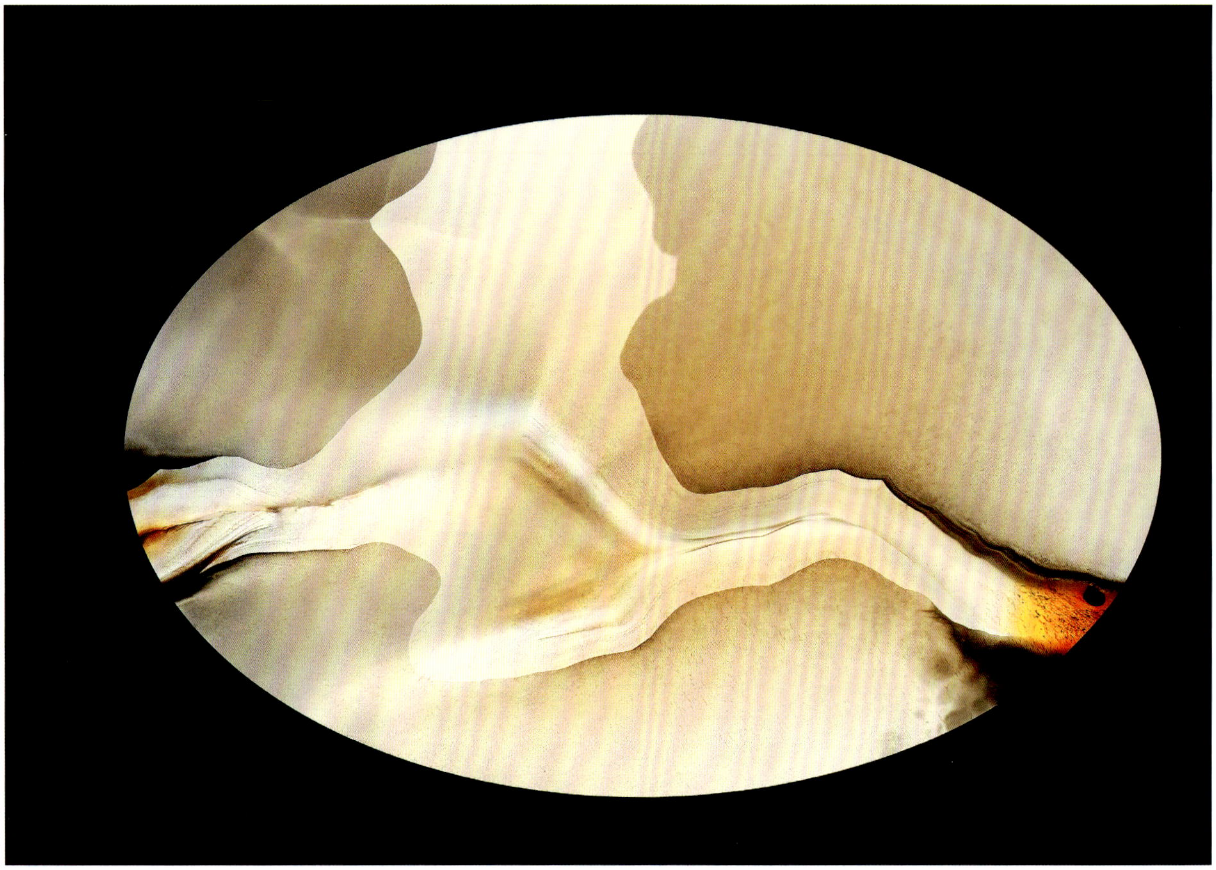

天鹅之殇

月色皎洁夜沉寂,天鹅重伤欲南飞。
低空盘旋复落水,临终举翅向天际。

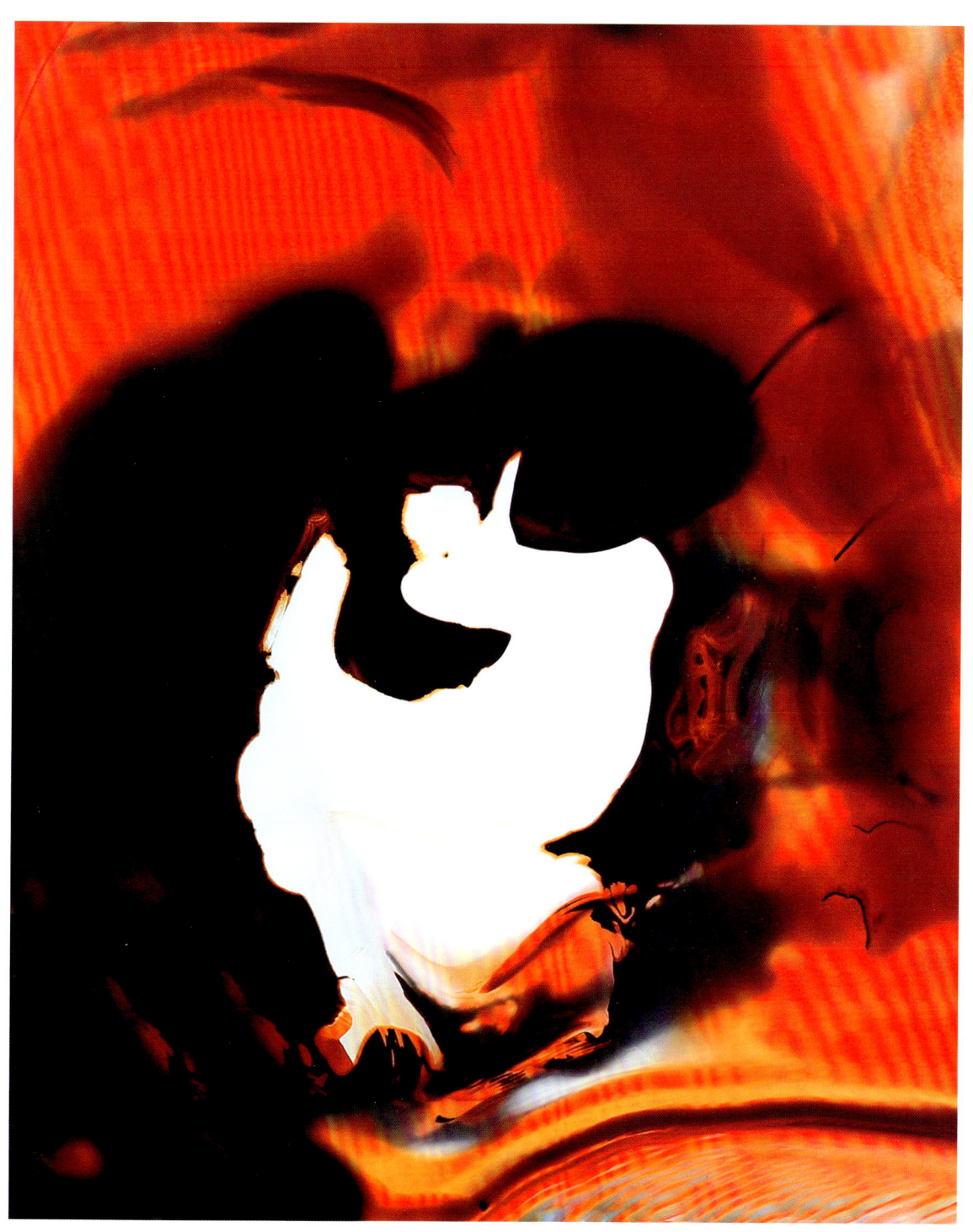

向天歌

鹅，鹅，鹅，曲项向天歌。
白毛浮绿水，红掌拨清波。
——唐·骆宾王《咏鹅》

Pictorial Agate

春江水暖

竹外桃花三两枝，春江水暖鸭先知。
蒌蒿满地芦芽短，正是河豚欲上时。
——宋·苏轼《惠崇春江晚景》

飞翔

大鹏一日同风起，扶摇直上九万里。
假令风歇时下来，犹能簸却沧溟水。
——唐·李白《上李邕》

荷塘

红莲相倚浑如醉,白鸟无言定自愁。
书咄咄,且休休。
一丘一壑也风流。
——宋·辛弃疾《鹧鸪天·鹅湖归病起作》

火烈鸟

盐湖湿地起火苗,万众齐唱一歌谣。
贵妇婀娜水波红,彤云天边映云宵。

枝冠曲高

青春几何时,黄鸟鸣不歇。
天涯失乡路,江外老华发。
——唐·李白《江南春怀》

筑巢

老树发芽乐春宵,小鸟衔草忙筑巢。
又是一年好光景,水中枝头满风骚。

神鹰

八月边风高,胡鹰白锦毛。
孤飞一片雪,百里见秋毫。
——唐·李白《观放白鹰》

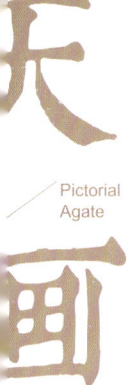

聚会

十方聚会鱼游网,三月安居鸟入笼。
生杀尽时蚕作茧,心空及第黑山中。
——宋·释如净《偈颂九首》

SPIRITS OF HEAVEN

掠食者

腹中无鳔纺锤体,身披盾鳞牙齿利。
物种古老名声恶,海洋掠食全无敌。

天之灵

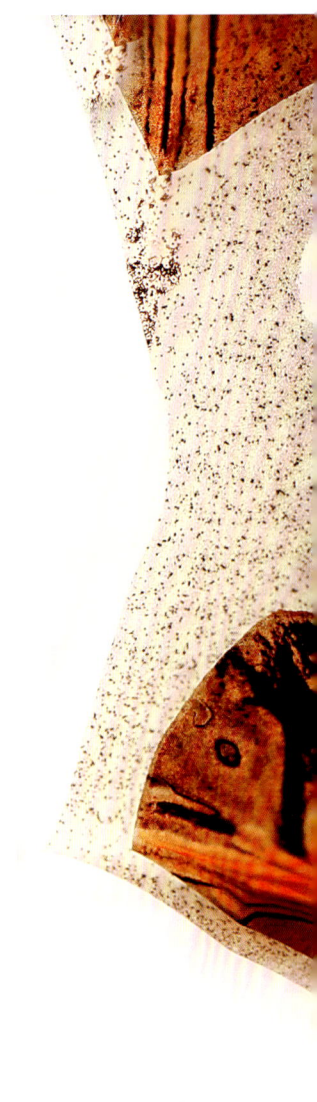

小蝌蚪找妈妈

昨夜水暖月朦胧，池塘如镜群蛙鸣。
犹记儿时捧蝌蚪，感叹白头易时空。

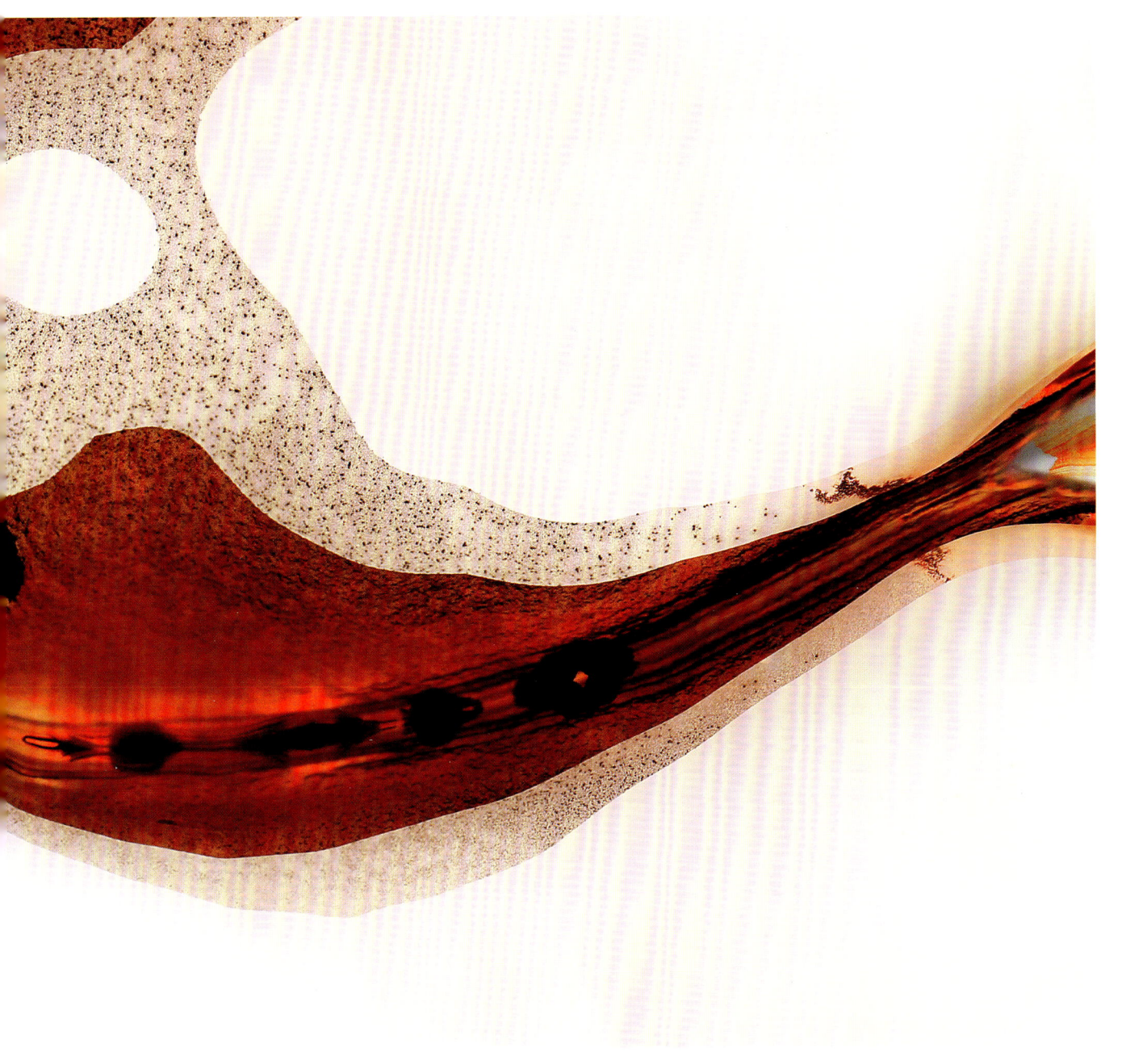

鲸

月晕天风雾不开,海鲸东蹙百川回。
惊波一起三山动,公无渡河归去来。
——唐·李白《横江词》

鹬蚌相和

鹬贪蚌之味,蚌钳鹬之喙。
早知渔翁在,何必生是非。

蝶

锦瑟无端五十弦, 弦一柱思华年。
庄生晓梦迷蝴蝶,望帝春心托杜鹃。
沧海月明珠有泪,蓝田日暖玉生烟。
此情可待成追忆,只是当时已惘然。
——唐·李商隐《锦瑟》

破茧而出

飞蛾产卵变幼虫，蚕食桑叶渐成蛹。
作茧自缚圆飞梦，破茧而出又重生。

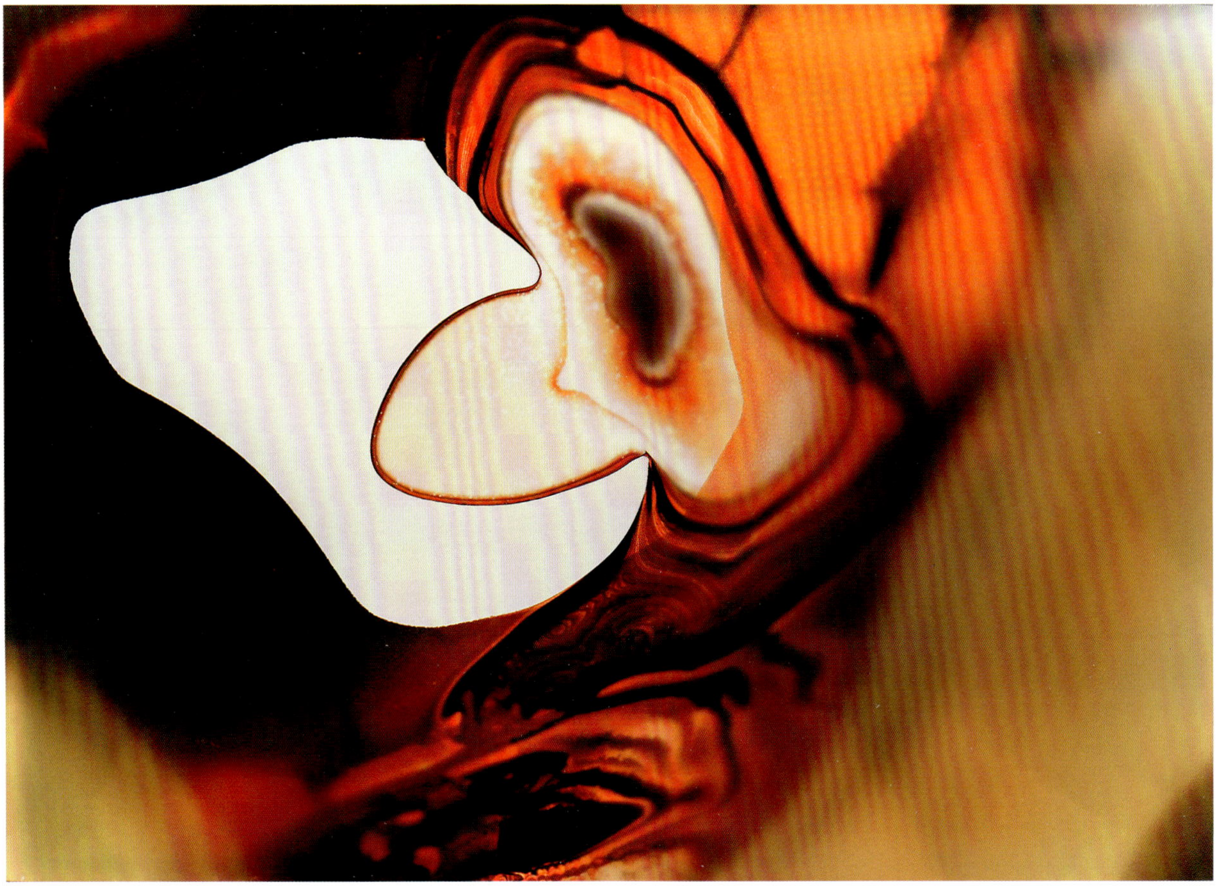

窗

一双幽色出凡尘，数粒秋烟二尺鳞。
从此静窗闻细韵，琴声长伴读书人。
——唐·李群玉《书院二小松》

CRAFTS OF HEAVEN

天／之／工

"知者创物。"人类文明的发展进步与能工巧匠的智慧劳动密不可分，从象形文字到书写工具，从针头线脑到华裳美服，从人工智能到航空航天……人类用智慧和双手，丰富和改变着生活。大国工匠，心存高远，砥砺前行。而如今，这些巧夺"天工"之"物"，翩然跃于石上，令人拍案叫绝。

飞天

荆台呈妙舞,云雨半罗衣。
袅袅腰疑折,褰褰袖欲飞。
雾轻红踯躅,风艳紫蔷薇。
——唐·张祜《舞》

舌尖上的中国

自笑平生为口忙，老来事业转荒唐。
长江绕郭知鱼美，好竹连山觉笋香。
——宋·苏轼《初到黄州》

木棉花

春深绝不见妍华,极目黄茅际白沙。
几树半天红似染,居人云是木棉花。
——宋·刘克庄《潮惠道中》

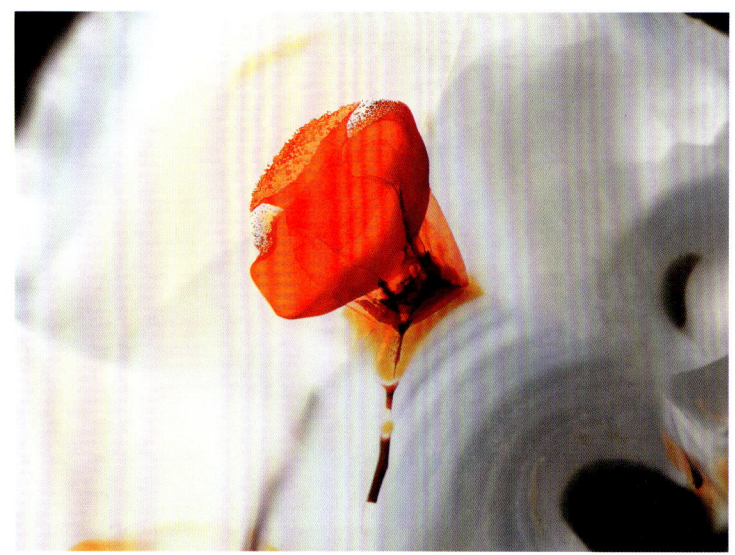

爱的礼物

日高闲步下堂阶,细草春莎没绣鞋。
折得玫瑰花一朵,凭君簪向凤凰钗。
——唐·李建勋《春词》

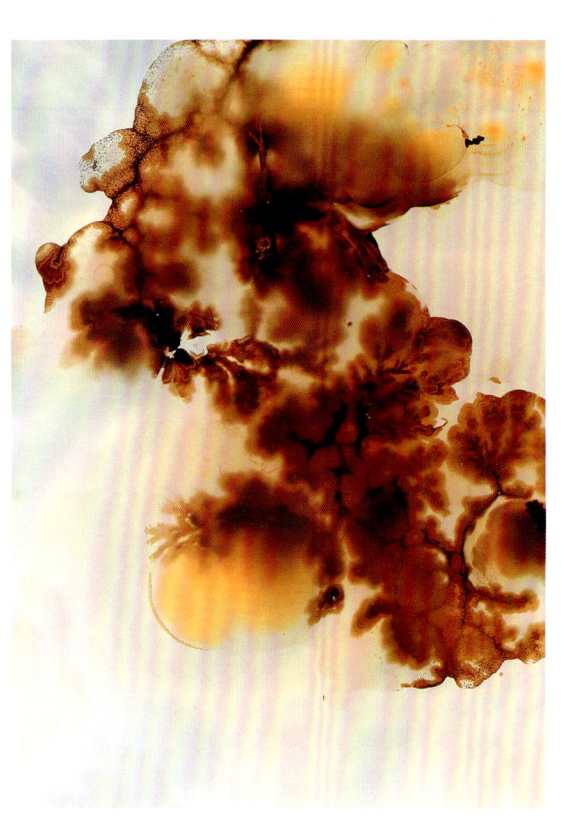

硕果图

昼出耘田夜绩麻,村庄儿女各当家。
童孙未解供耕织,也傍桑阴学种瓜。
——宋·范成大《四时田园杂兴》

葡萄小鸟

几架葡萄藤蔓长,千种玛瑙染白霜。
不知小鸟来做客,主人纳凉睡梦香。

庇护

远观如莲叶,近看似灵芝。
心中存善念,处处皆禅意。

乔布斯的苹果

苹果天生好运气,宗教科学沾亲戚。
上帝牛顿乔布斯,风声未过又水起。

香蕉

小船弯弯肩并肩，兄弟姐妹同根连。
喜看蕉园丰收时，黄衣白肉味香甜。

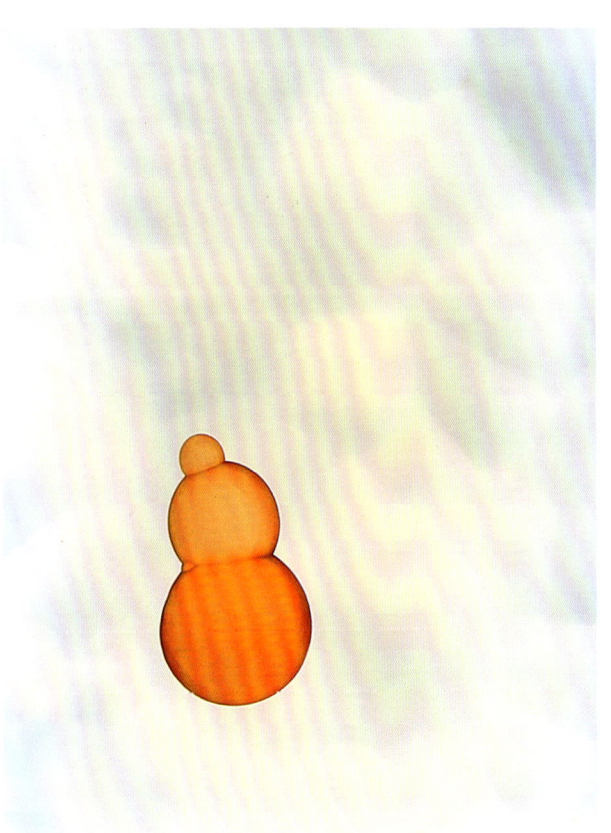

福禄

藤蔓青青墙上爬，绿叶缝中开白花。
瓜儿束腰长茸毛，老君形影不离它。

红豆

红豆生南国,春来发几枝。
愿君多采撷,此物最相思。
——唐·王维《红豆》

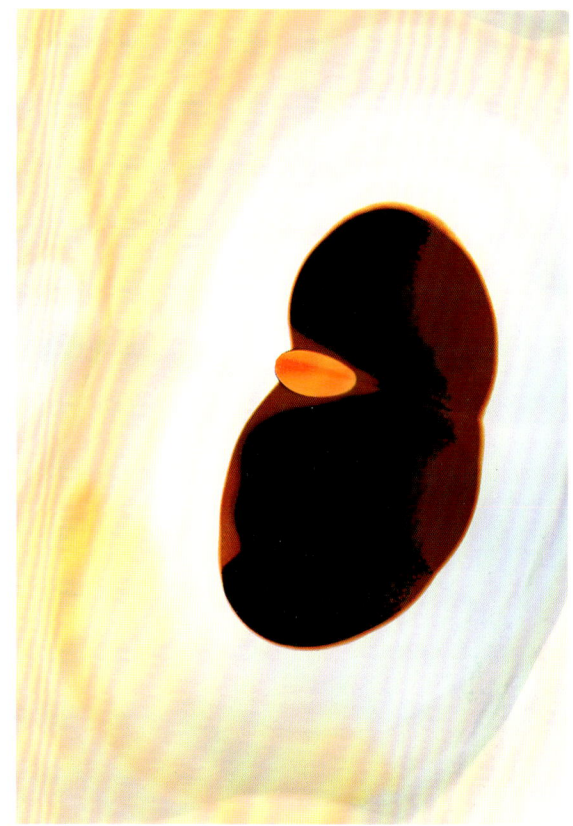

千年参

少赋令才犹强作,众医多识不能呼。
九茎仙草真难得,五叶灵根许惠无。
——唐·段成式《寄周繇宪求人参》

秋荷图

望山白云里，望水平原外。
夏木转成帷，秋荷渐如盖。
——南北朝·谢朓《后斋回望诗》

红尘萧萧

一别都门三改火,天涯踏尽红尘。
人生如逆旅,我亦是行人。
——宋·苏轼《临江仙·送钱穆父》

仙客来

故乡远在地中海,数月红粉映阳台。
仙客不理凡尘事,耳朵权当花朵开。

爆竹声声

爆竹声中一岁除,春风送暖入屠苏。
千门万户曈曈日,总把新桃换旧符。
——宋·王安石《元日》

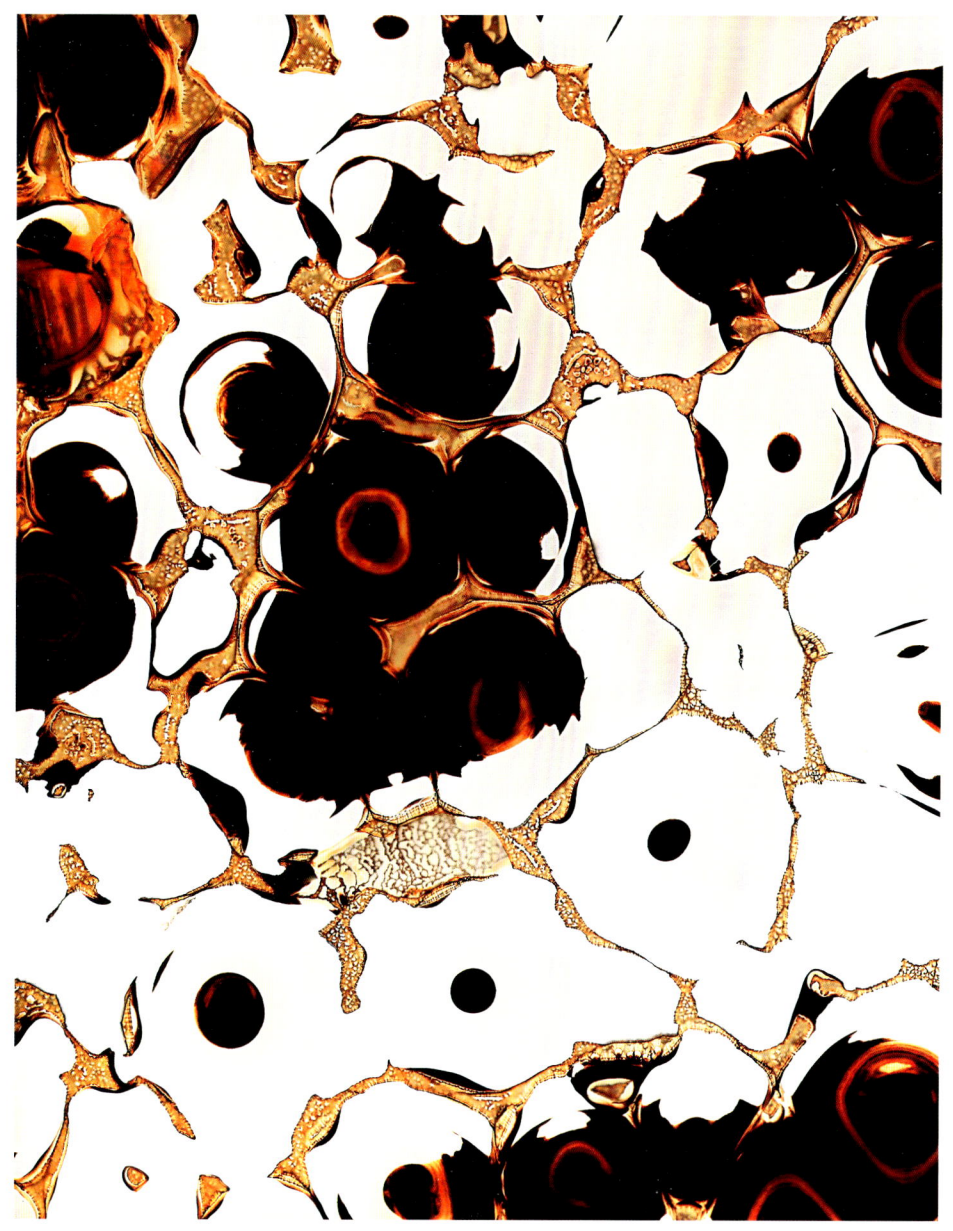

窗花

腊月飘雪乐农家，媪妪折纸剪窗花。
一群娃娃手牵手，几只连足小青蛙。

清凉

夏风抚水碧莲香,天心月圆移影长。
清波微步柳枝舞,凉夜轻语眉飞扬。

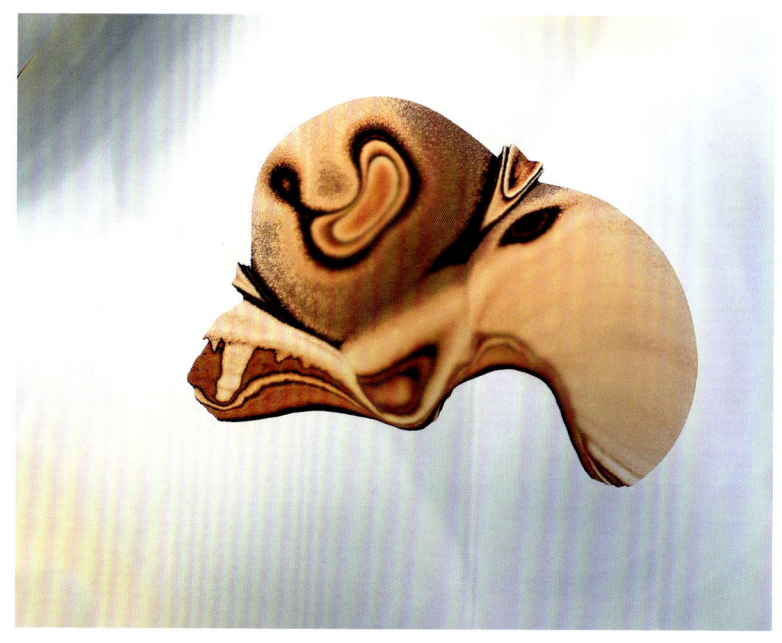

面具

别人笑我太疯癫，我笑他人看不穿。
不见五陵豪杰墓，无花无酒锄作田。
——明·唐伯虎《桃花庵歌》

帽

少年相逐采莲回，罗帽罗衫巧制裁。
每到岸头长拍水，竞提纤手出船来。
——五代十国·花蕊夫人《宫词》

九龙壁

光摇波浪临池舞，影动琉璃破壁飞。
我愿群龙终不去，长留生气挟风雷。

飞豹雕塑

猎豹捕食快如风,一览天画叹天工。
素描雕塑豹添翼,壮志凌云满激情。

启航

星星世界遍诸天，不计三千与大千。
倘亦乘槎中有客，回头望我地球圆。
——清·黄遵宪《海行杂感》

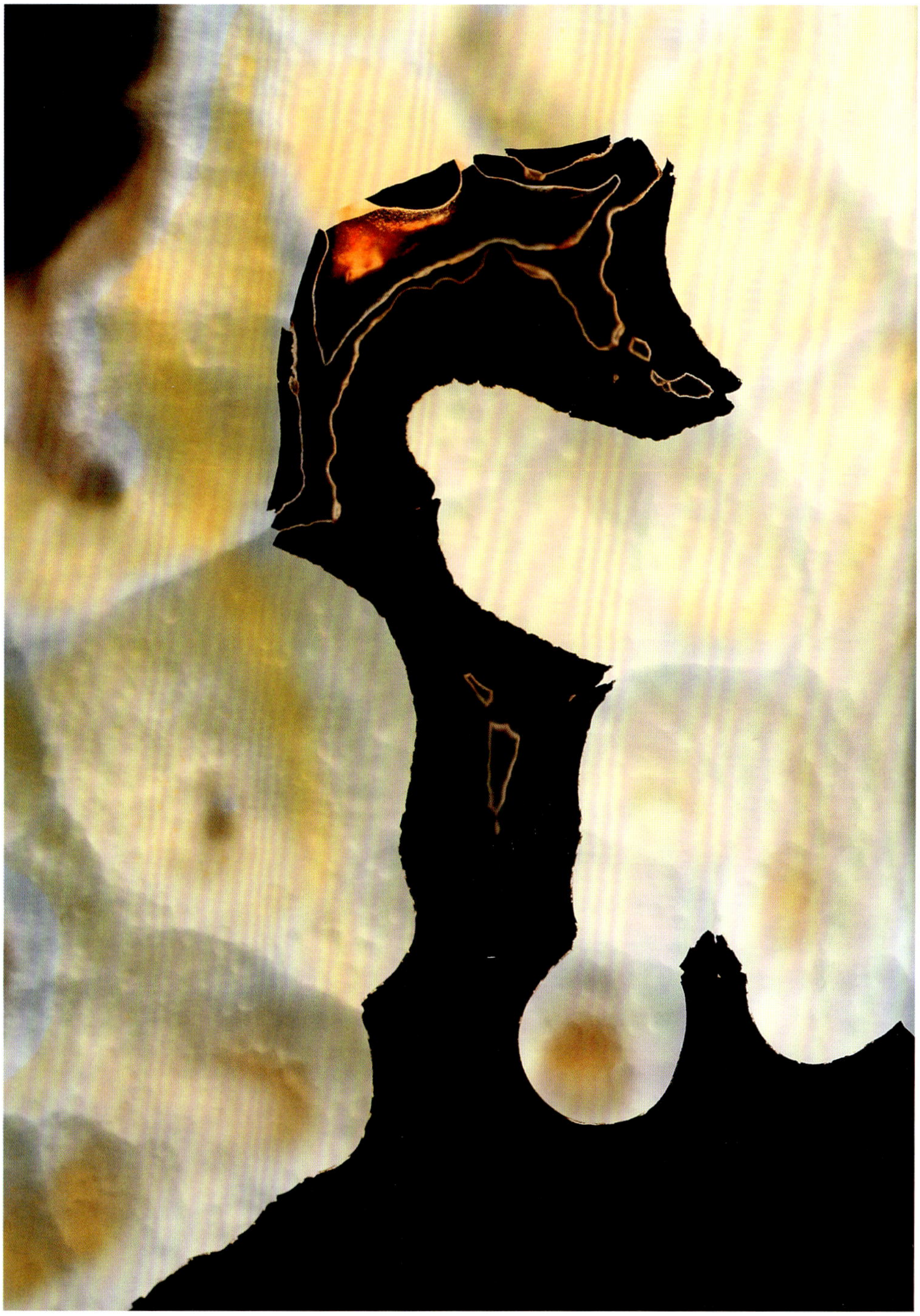

龙头杖

南诏红藤杖,西江白首人。
粗细才盈手,高低仅过身。
天边望乡客,何日挂归秦。
——唐·白居易《红藤杖》

殿堂

二月春风遍柳条，九天仙乐奏云韶。
蓬莱殿后花如锦，紫阁阶前雪未销。
——唐·王涯《汉苑行》

岁月

劝君莫惜金缕衣，劝君惜取少年时。
花开堪折直须折，莫待无花空折枝。
——唐·杜秋娘《金缕衣》

岩画

峭壁依险峰,天书藏画中。
千载意犹存,几人破迷宗。

Pictorial Agate

龙首

倾城迎侯锦归忙，儿女鲜衣妓晓妆。
龙首榜来春满郡，鸡栖车已久还乡。
——宋·刘克庄《咸淳龙飞大魁之归》

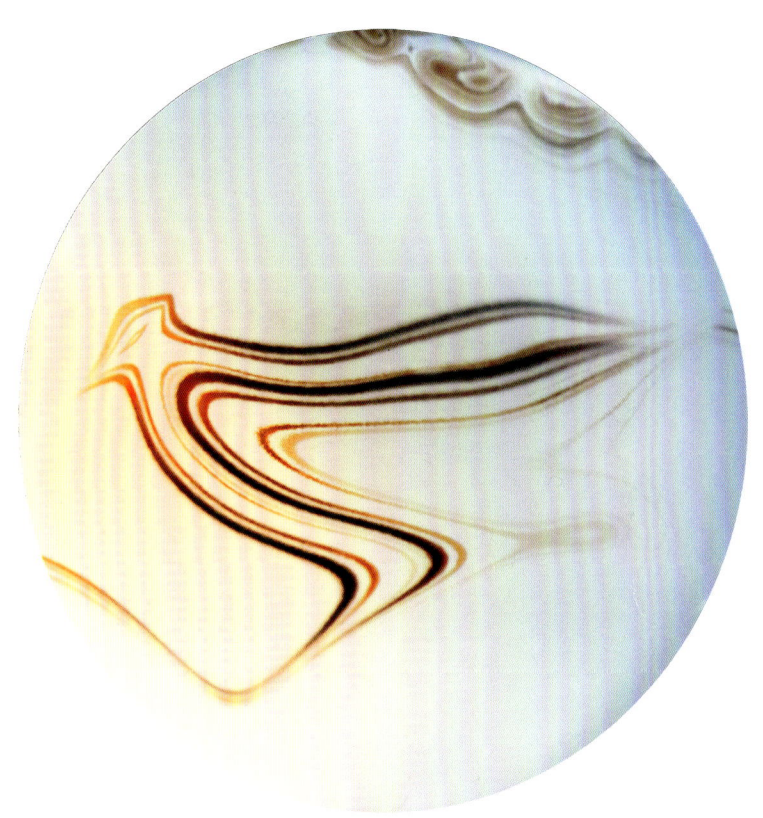

玄鸟

喈喈黄莺吟，习习玄鸟至。
闲庭人迹稀，白日澹清气。
——明·刘基《旅兴》

骂年嘲

十二生肖本无驴,辛苦劳碌病相惜。
人生过半责任重,你说属驴就属驴。

逍遥

春有百花秋有月，夏有凉风冬有雪。
若无闲事在心头，便是人间好时节。
　　　　　　——宋·无门和尚《颂》

羽翼

昨夜星辰昨夜风，画楼西畔桂堂东。
身无彩凤双飞翼，心有灵犀一点通。
　　　　——唐·李商隐《无题·昨夜星辰昨夜风》

春之梦

三月桃花一夜红,布谷求偶林梢鸣。
举手推开南屋窗,低头回味相思梦。

星际探秘

星际遥遥不可及,天梭往来无距离。
奥妙总隔一张纸,梦想终究成现实。

返回仓

神舟呼啸入太空,遥看故乡白云中。
九天揽月不是梦,玉兔已住广寒宫。

探索与发现

人类之眼上太空,遥遥新星入镜中。
天外又添千里眼,未知深空露真容。

情人定制

痴男怨女何其多,眼缘条件尽消磨。
一朝情人可定制,又恐岁月成蹉跎。

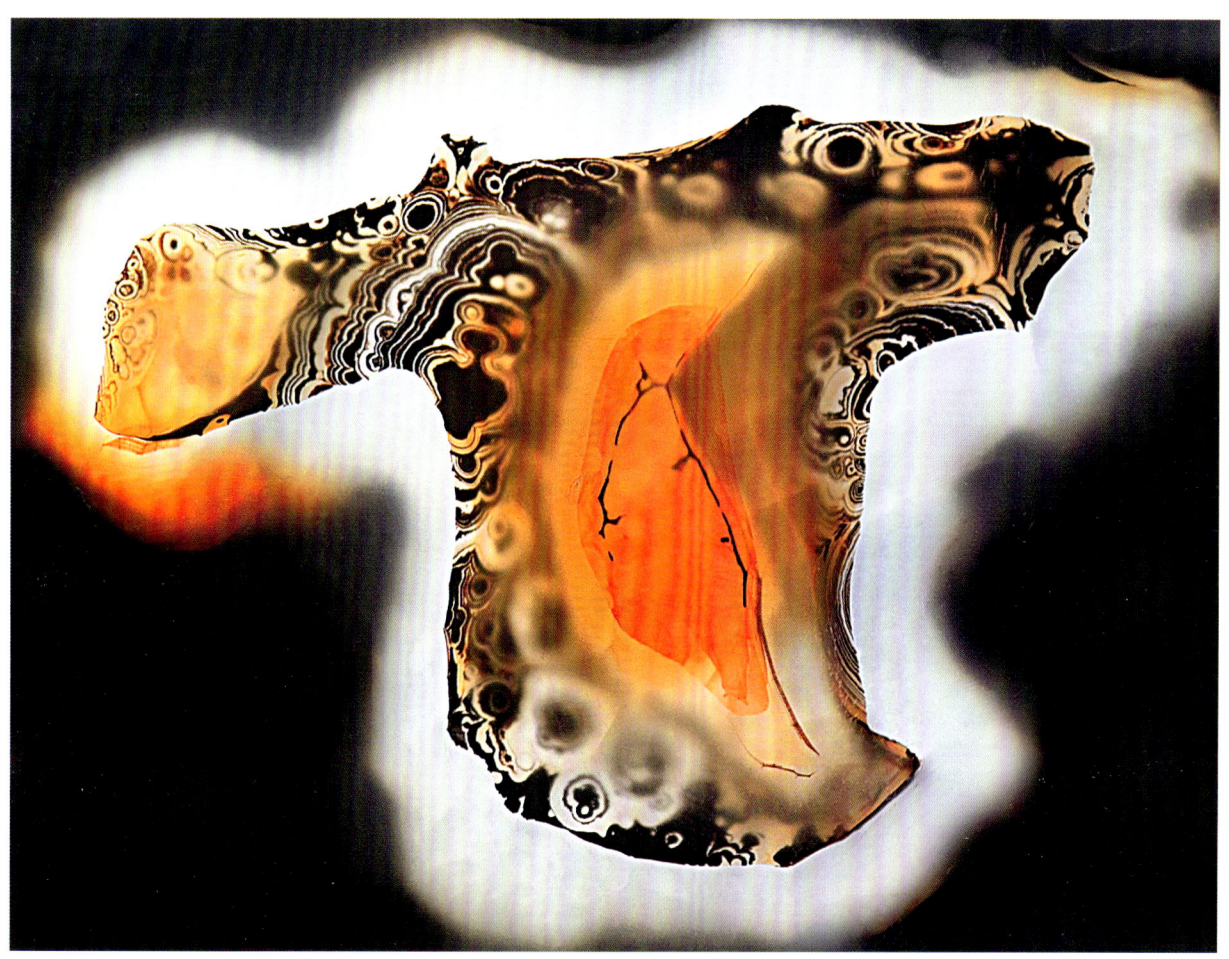

宫装

玉楼天半起笙歌,风送宫嫔笑语和。
月殿影开闻夜漏,水晶帘卷近秋河。
——唐·顾况《宫词》

乾坤眼

乾坤朗朗日月明,慈悲佛眼笑春风。
自古英雄出炼狱,风雨过后见彩虹。

菩提树

菩提本无树,明镜亦非台。
本来无一物,何处惹尘埃。
——唐·惠能大师《菩提偈》

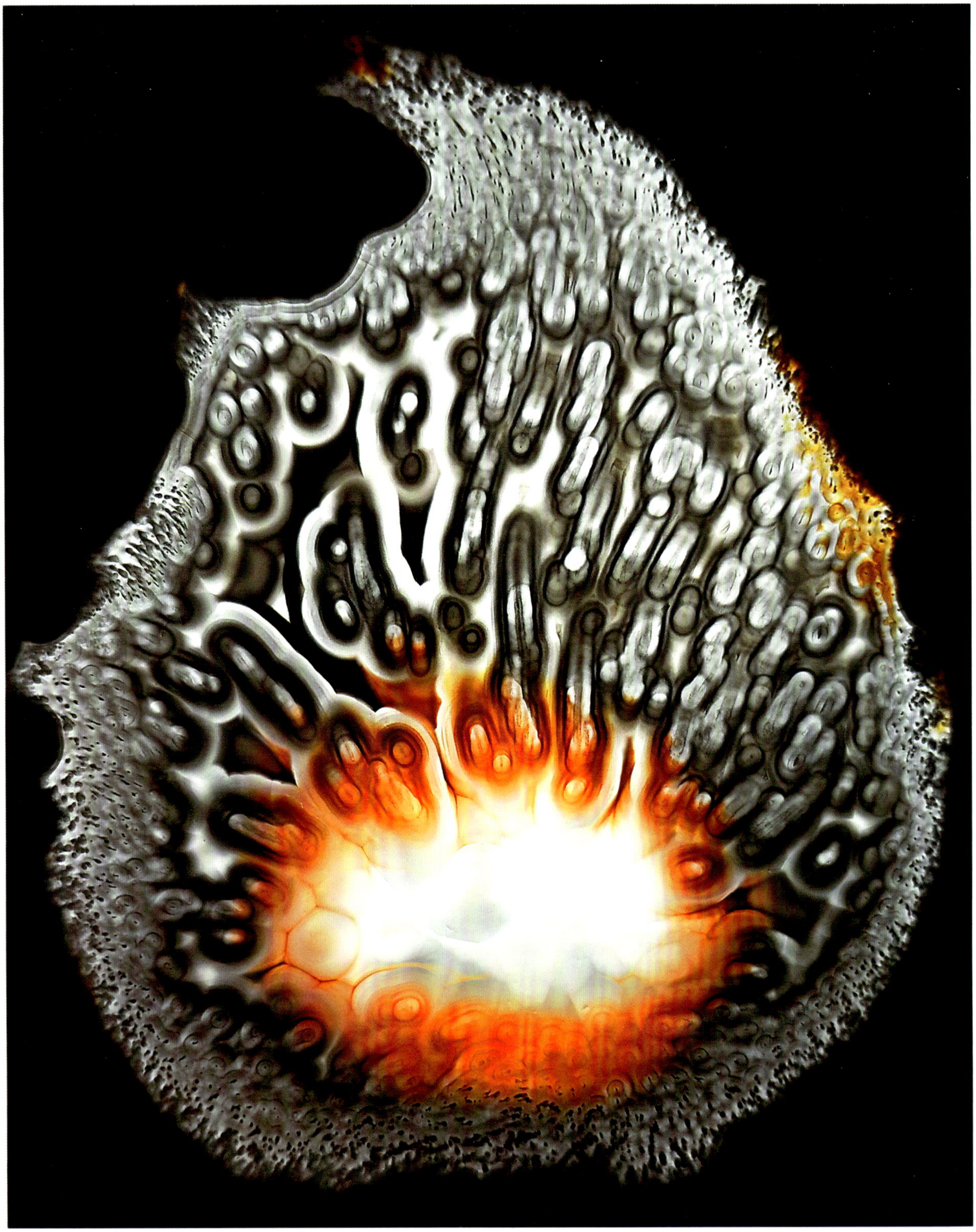

圣火

兵戎相见热血流,生灵涂炭世人愁。
不忘希腊盗火神,一堆圣火泯恩仇。

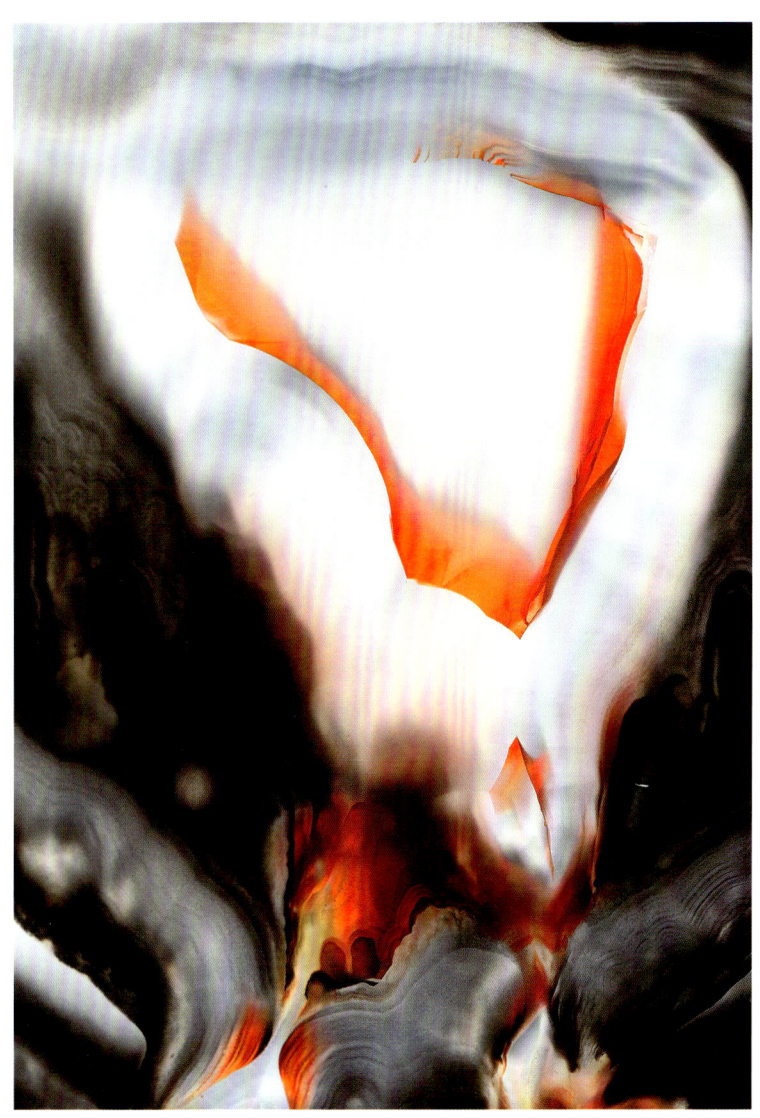

胜利

钟山风雨起苍黄,百万雄师过大江。
虎踞龙盘今胜昔,天翻地覆慨而慷。
宜将剩勇追穷寇,不可沽名学霸王。
天若有情天亦老,人间正道是沧桑。
——现代·毛泽东《人民解放军占领南京》

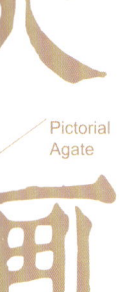

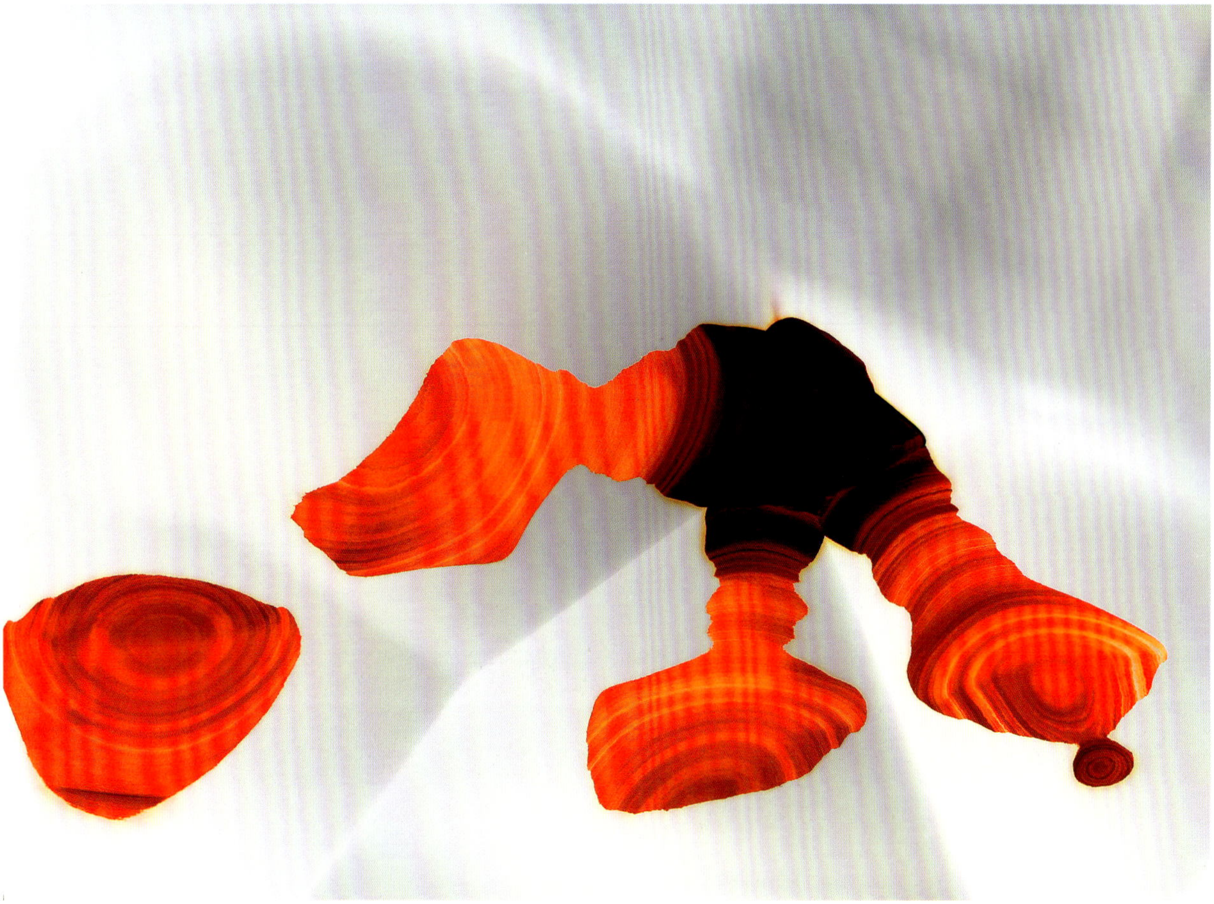

人工智能

人工智能风云涌,智慧装入机器中。
程序拓展脑洞开,人机胜负两朦胧。

天／之／冥

MEDITATIONS OF HEAVEN

大音希声，大象无形。有一类"天画"，即是如此。既有点、线、面之美，又有律、动、静之韵。画面纷纭复杂，虚无缥缈、深奥莫测。视之，如入沙漠深处、森林深处、海洋深处、地心深处，甚至宇宙深处……大自然历经亿万年的演变，积累了无数"天机"，或许有一天，人们可以破解这些存储在图纹玛瑙里的"达芬奇密码"，揭密大自然的神奇和奥妙。

主宰

改朝换代一挥间,刀光剑影人胆寒。
主宰处心兴风雨,谁知身后是云烟。

舞

舞转回红袖,歌愁敛翠钿。

满堂开照曜,分座俨婵娟。

——唐·温庭筠《感旧陈情五十韵献淮南李仆射》

御敌求生

大海聚鱼群,回转若失魂。
猎鱼随其后,生死仅一瞬。

蝌群

残日明池蝌蚪集,绿队满院伯劳飞。
浮生衮衮只如此,未必今朝悟昨非。
——宋·刘木《感怀》

熔岩

岩浆喷发冲苍穹,末日雷电惊万瞳。
宇宙清规谁可破,自然原本一枭雄。

未知世界

混沌未分天地乱，茫茫渺渺无人见。
自从盘古破鸿蒙，开辟从兹清浊辨。
——明·吴承恩《西游记开篇诗》

陨落

流星陨落照夜空，一线光明惊飞鸿。
无事闲游陨石坑，忧愁一朝成恐龙。

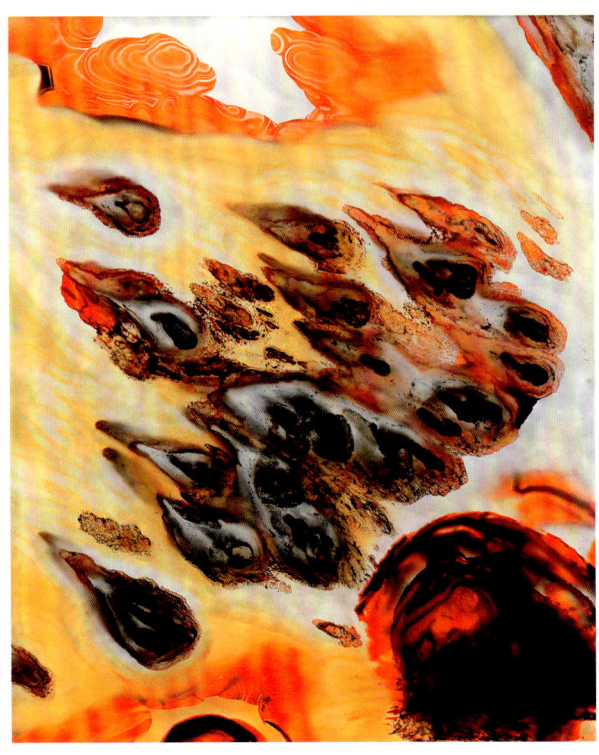

天火

骤雨初停霞满天,繁星万盏落尘渊。
惊雷远去余音杳,残烬犹红腾紫烟。

流星

众岫耸寒色,精庐向此分。
流星透疏木,走月逆行云。
——唐·贾岛《宿山寺》

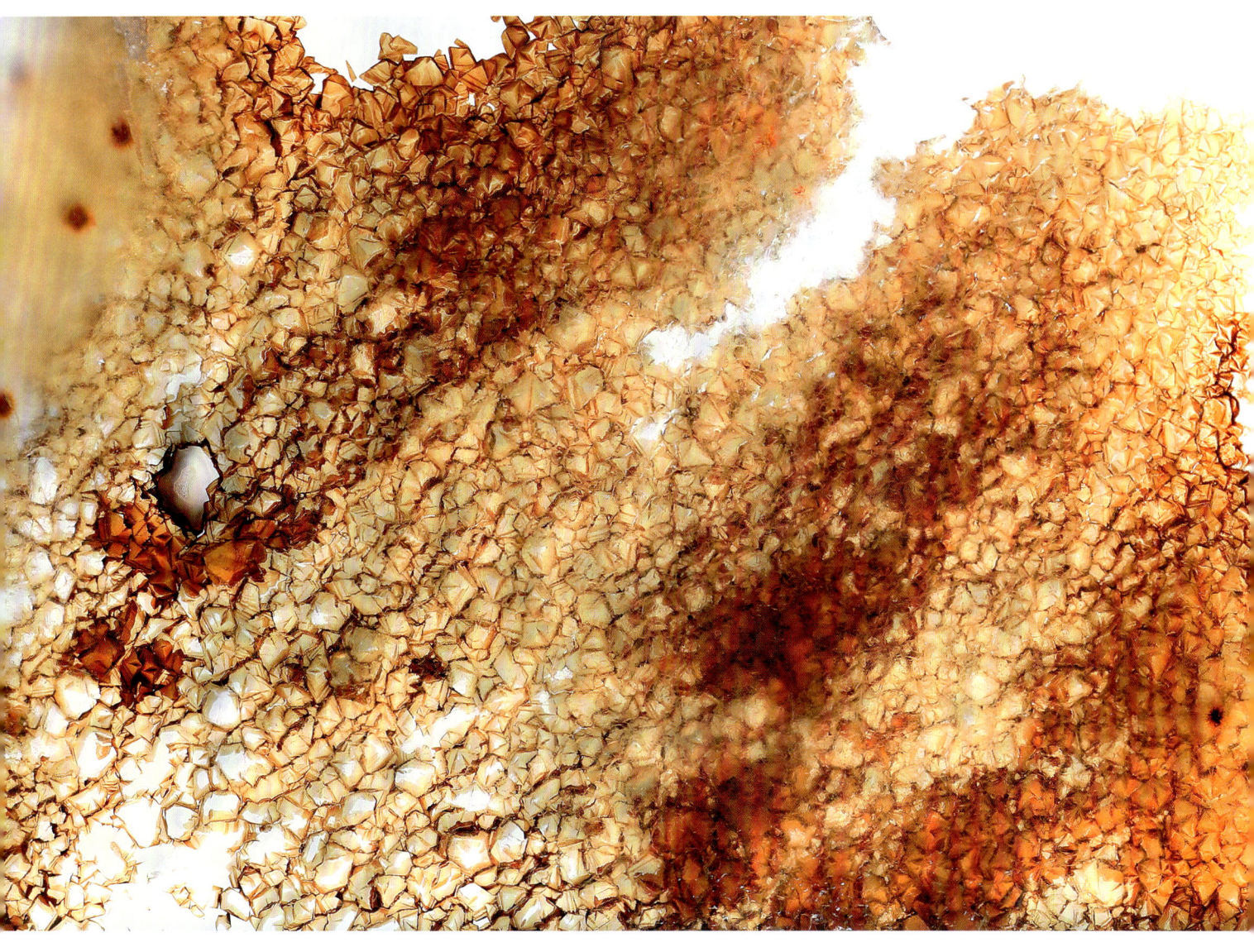

沙金

莫道谗言如浪深,莫言迁客似沙沉。
千淘万漉虽辛苦,吹尽黄沙始到金。
——唐·刘禹锡《浪淘沙·莫道谗言如浪深》

泼墨

忽忽悲穷处,悠悠感岁华。
暮云如泼墨,春雪不成花。
——宋·陆游《雪中》

草长莺飞

草长莺飞二月天，拂堤杨柳醉春烟。
儿童散学归来早，忙趁东风放纸鸢。
——清·高鼎《村居》

旋风

苍苔黄叶地，日暮多旋风。
前主为将相，得罪窜巴庸。
——唐·白居易《凶宅》

印象天子山

飞雾流云绕奇峰,如梦如幻如仙境。
水墨丹青何必染,淋漓写意自天成。

飘

摇曳惹风吹,临堤软胜丝。
态浓谁为识,力弱自难持。
——唐·方干《柳》

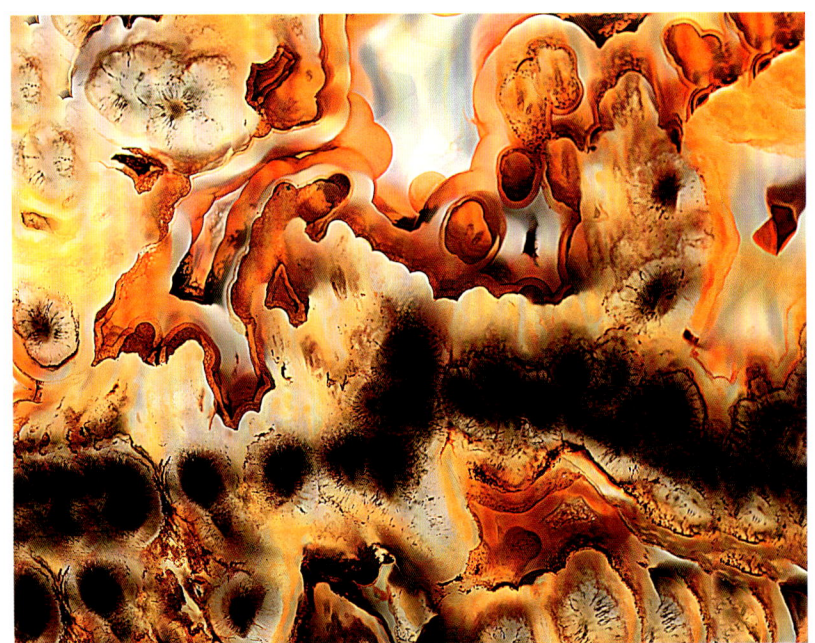

香火

书意诗情不偶然，苦云梦想在林泉。
愿为愚谷烟霞侣，思结空门香火缘。
　　　　　　——唐·白居易《以诗代》

欲火

吕布戏貂禅，唐王宠贵妃。
心中藏欲火，焚身无伤悲。

造访者

不知前世与今生,糊里糊涂作流星。
一路擦出光和热,落地又是一场空。

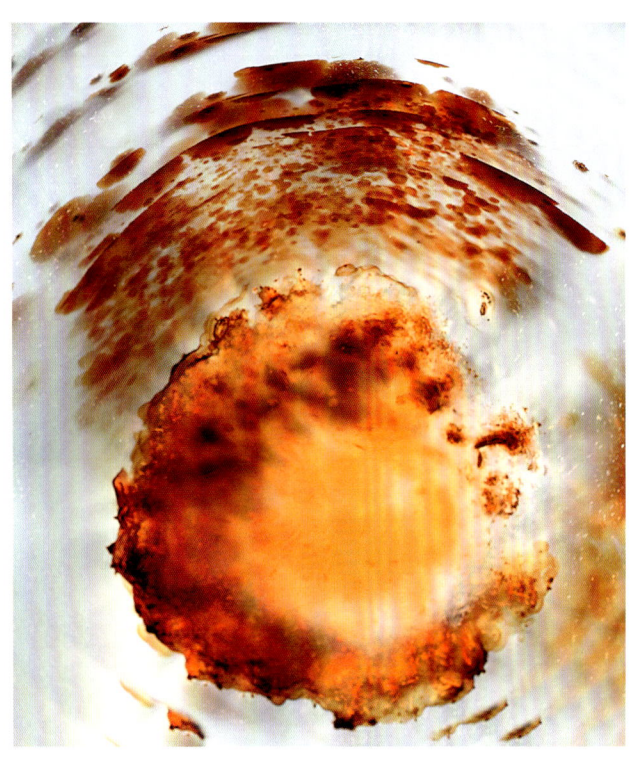

星云

太空浩瀚多星云,望云兴叹寄天文。
灰飞烟灭人未知,神鬼知晓亦断魂。

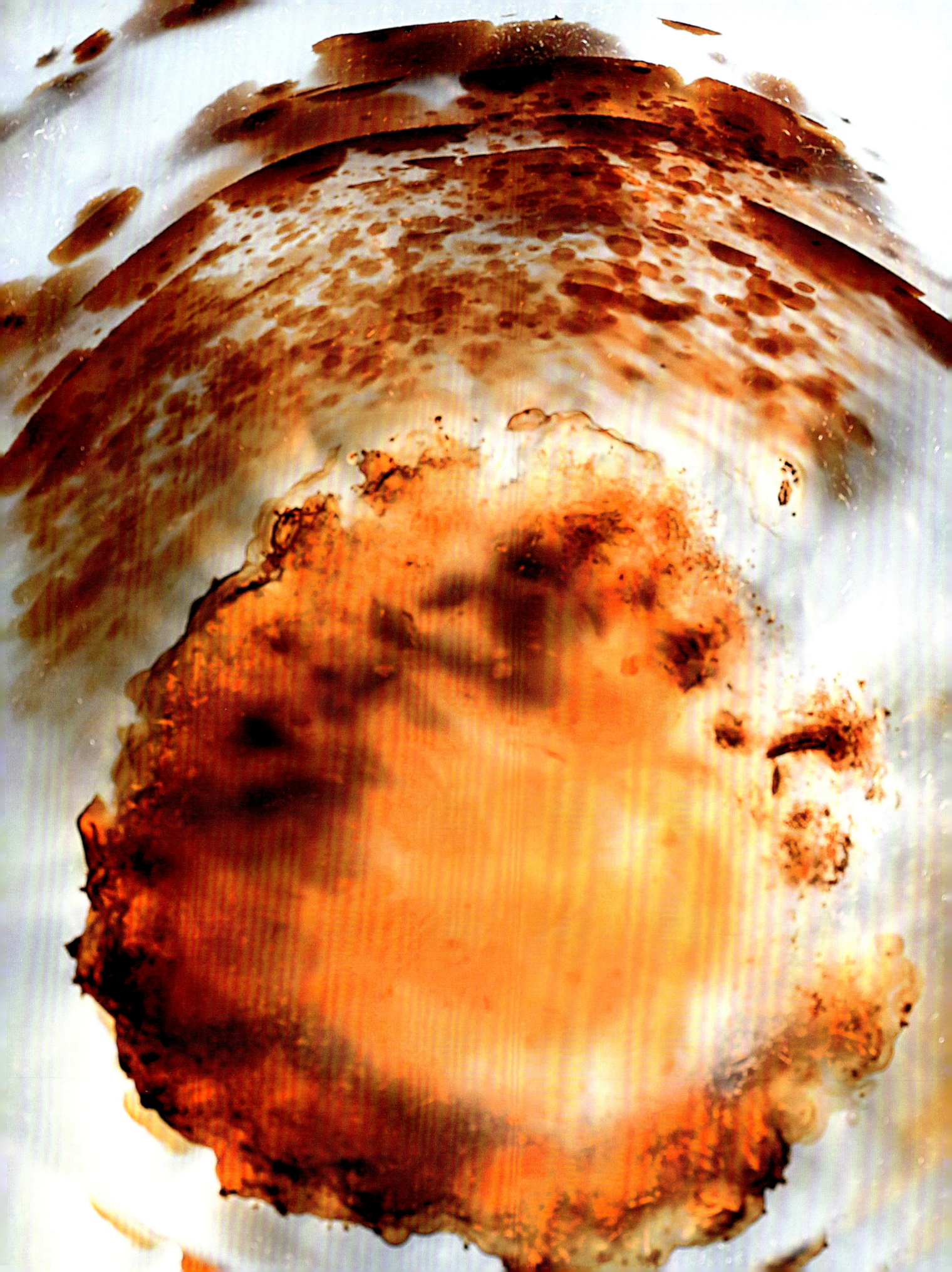

热流

七月流火入太行，午后山峦更苍莽。
天空鸟绝悬路险，日照赤壁生热浪。

萌动

暖风吹过柳条醉，候鸟结伴向北飞。
鱼虫蛰伏大梦醒，山雨欲来响惊雷。

鱼欢

溪流渺渺净涟漪，鱼跃鱼潜乐自知。
若逐桃花浪里去，风雷相送入天池。
—— 宋·赵方《溪鱼》

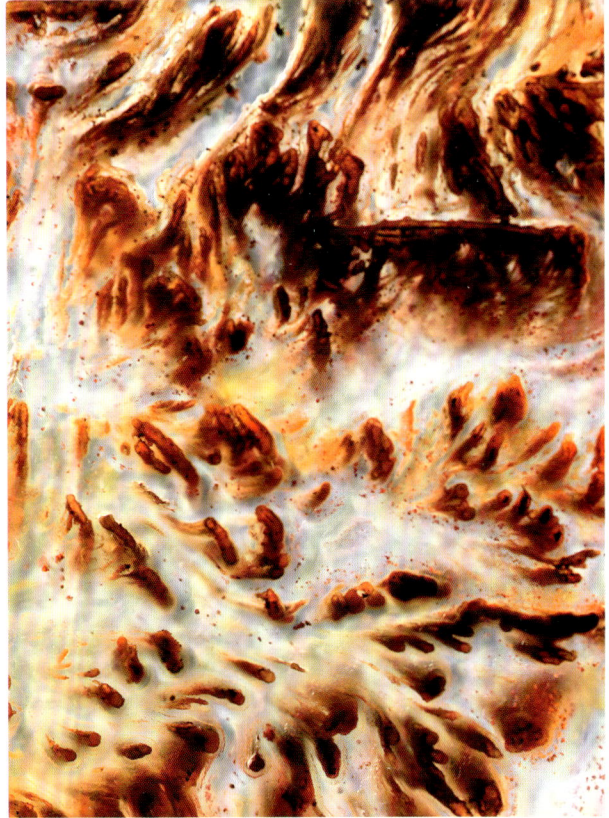

视觉

乾坤朗朗众生灵，双目炯炯万物清。
视觉天性趋光明，黑白曲直在心中。

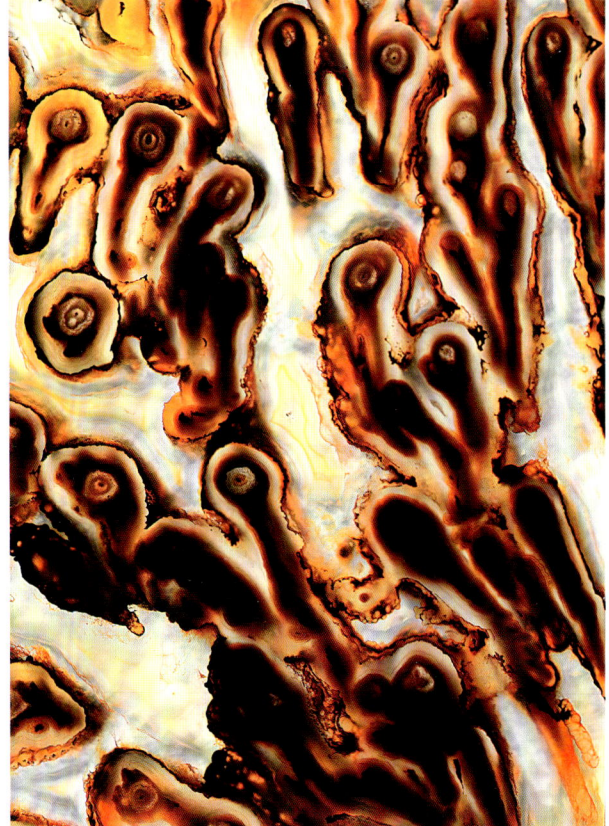

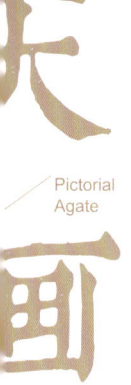

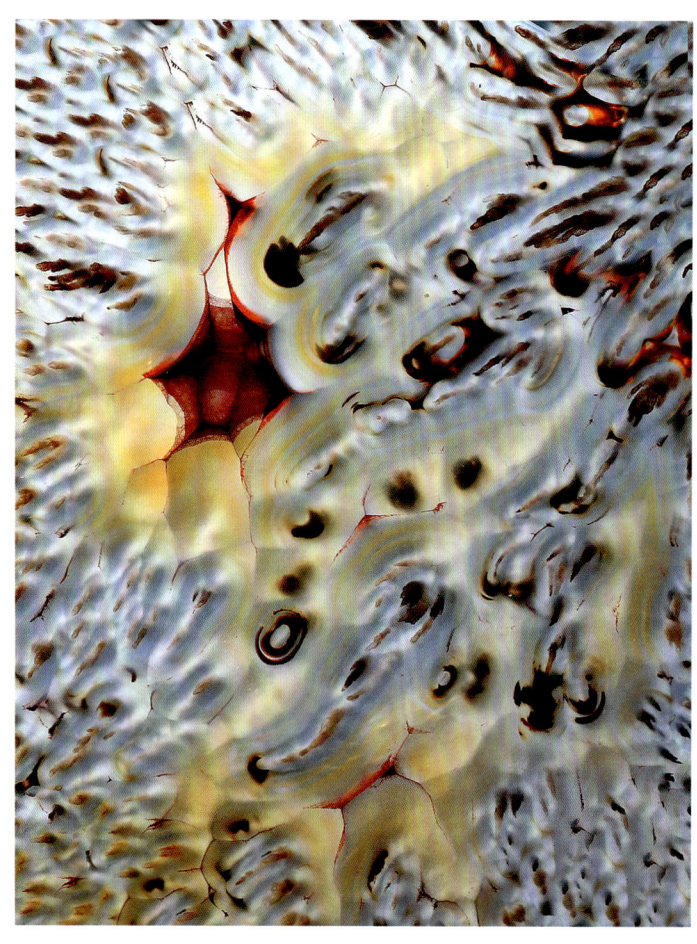

激情

十八新娘八十郎,苍苍白发对红妆。
鸳鸯被里成双夜,一树梨花压海棠。
——宋·苏轼《戏赠张先》

雪域净土

纯精结奇状,皎皎天一涯。
玉嶂拥清气,莲峰开白花。
——唐·吕温《吐蕃别馆》

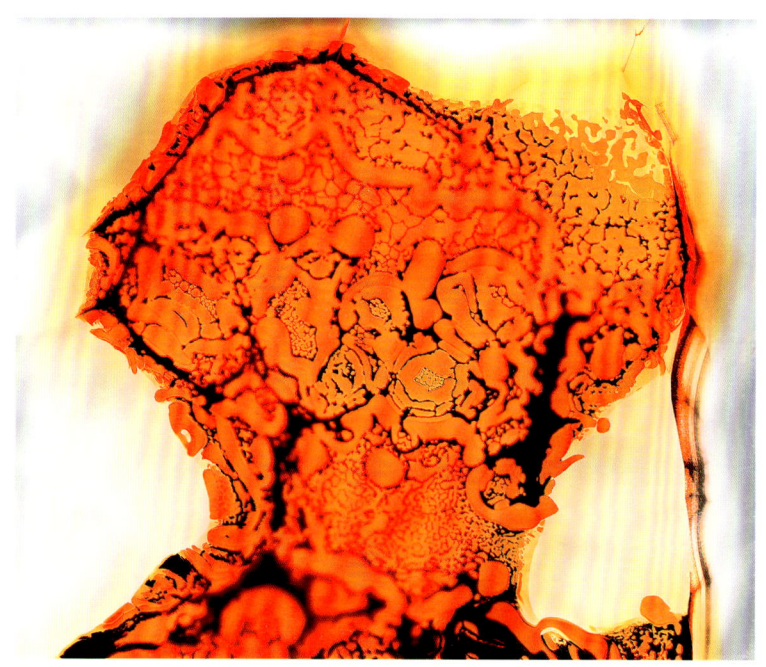

探墓科技

王侯将相一座冢，夯土之下万宝宫。
只恨千年洛阳铲，十墓已是九墓空。

迷途

水路陆路十八弯，九曲回肠泪已干。
心诚有灵何所惧，误入迷途更知返。

彗顾

长路趁早行，繁星照夜空。
天上悬扫帚，难料是吉凶。

绽放

悠悠江上无人问,十年云外醉中身。
殷勤解却丁香结,纵放繁枝散诞香。
——唐·陆龟蒙《丁香》

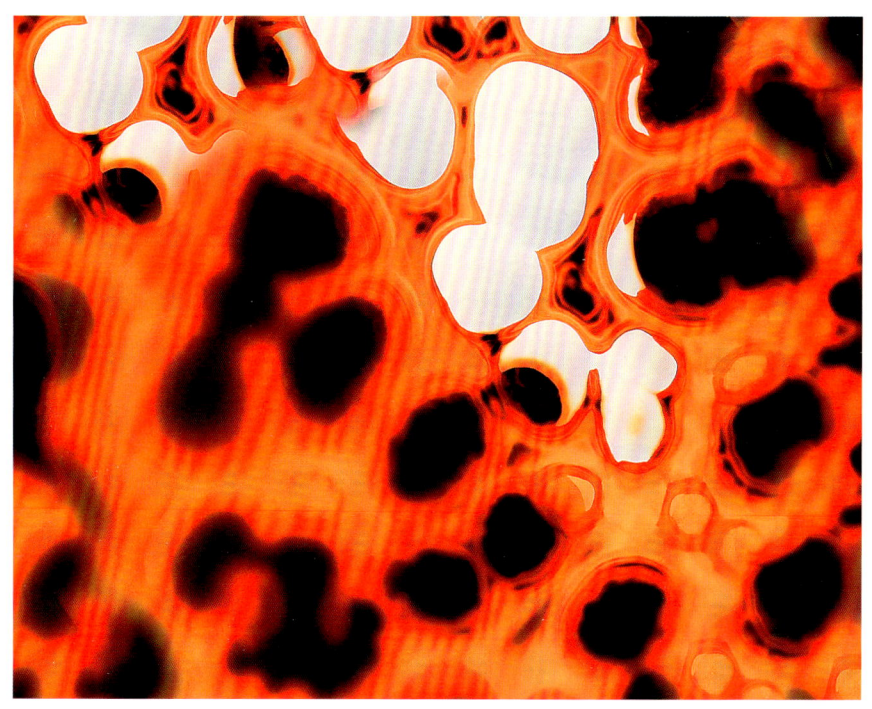

蜂巢

蜂巢皆呈六边形，功能用途各不同。
蜂王产卵当产房，工蜂采蜜作蜜桶。
只听蜂巢嗡嗡响，哪知家里有分工。

为谁辛苦为谁甜

不论平地与山尖，无限风光尽被占。
采得百花成蜜后，为谁辛苦为谁甜。
——唐·罗隐《蜂》

龙魂

炎黄子孙一条根,文化血脉附龙魂。
聚散离合志不移,俯视寰宇定乾坤。

九天揽月

蓬莱文章建安骨,中间小谢又清发。
俱怀逸兴壮思飞,欲上青天揽明月。
——唐·李白《宣州谢朓楼饯别校书叔云》

夜幕

寒夜客来茶当酒,竹炉汤沸火初红。
寻常一样窗前月,才有梅花便不同。
——宋·杜耒《寒夜》

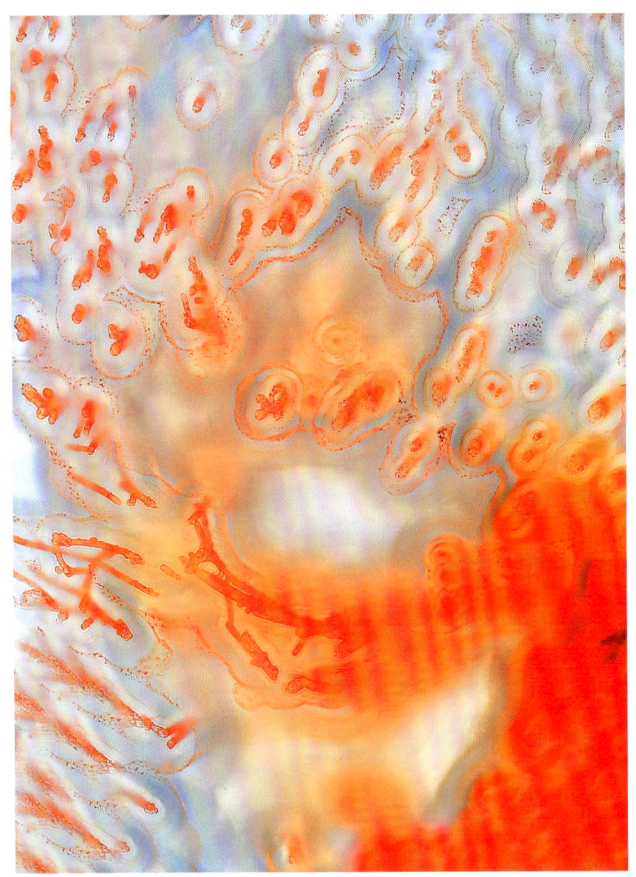

红珊瑚

鲸吞海水尽，露出珊瑚枝。
海神知贵不知价，留向人间光照夜。
——唐·含曦《酬卢全见访不遇题壁》

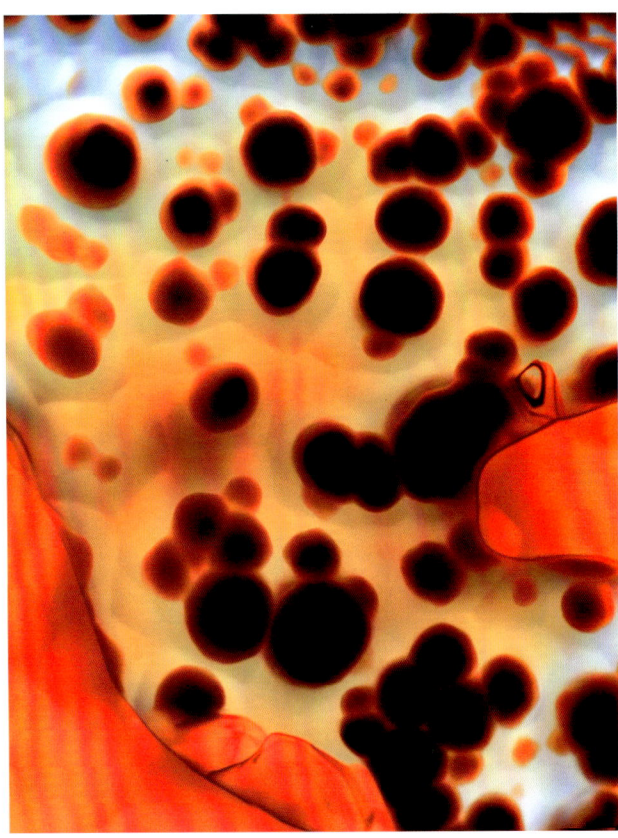

细胞

生命由它来构成，形状大小各不同。
奥秘层层不穷尽，显微镜下现尊容。

波光

日丽雪山晴,半山云杉红。
风吹镜湖皱,水上落群星。

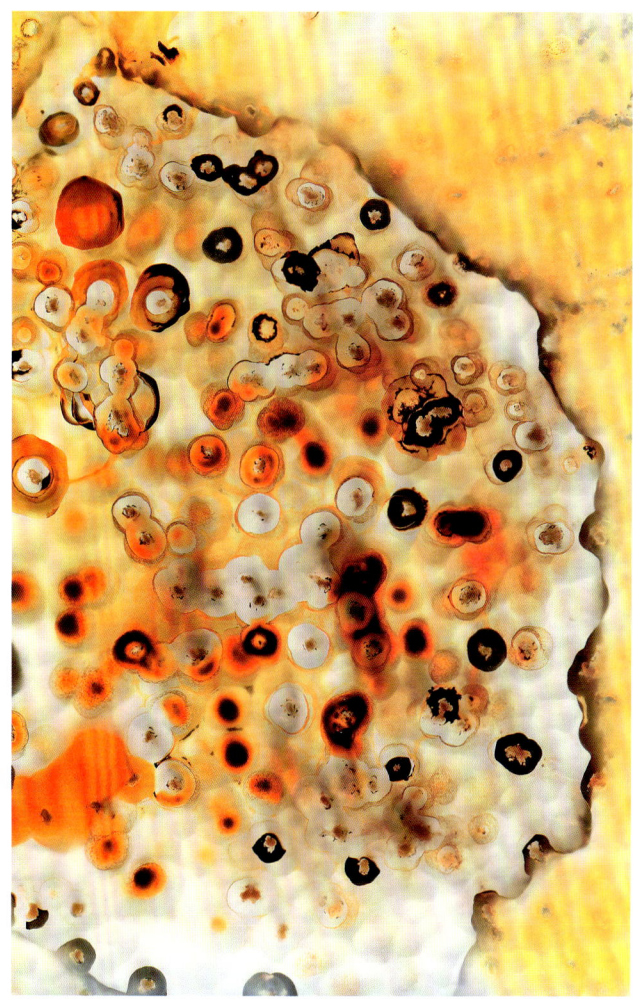

残叶

一树摧残几片存,栏边为汝最伤神。
休翻雨滴寒鸣夜,曾抱花枝暖过春。
与影有情唯日月,遇红无礼是泥尘。
——宋·李觏《残叶》

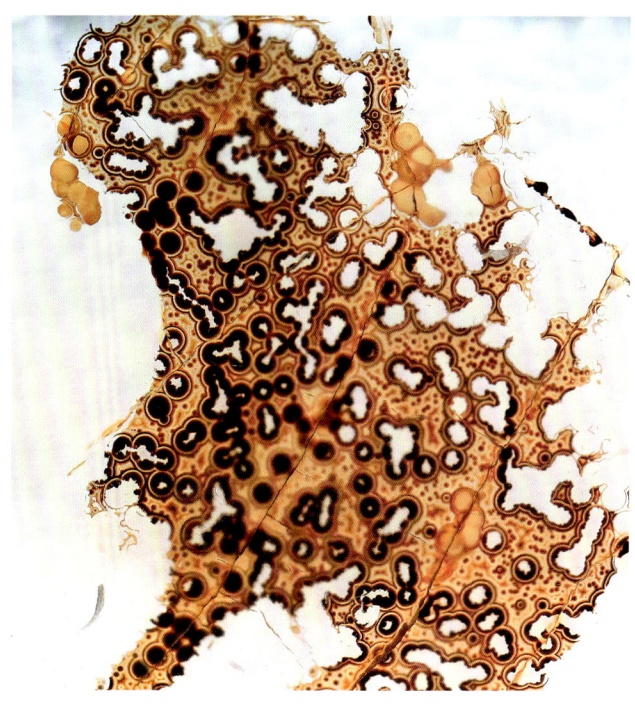

凝聚

风吹沙飘荡,不知落何方。
沙轮同为沙,聚力斩金刚。

雪融

远恐芳尘断,轻忧艳雪融。
只知防皓露,不觉逆尖风。
——唐·李商隐《蝶》

海之胆

海阔辽无垠,胆小一粒尘。
浑身披铠甲,利刺慑鬼神。

驰骋

圣主亲临讲武台,风沙漠漠阵图开。
四山旗似晴霞卷,万马蹄如骤雨来。
——清·徐珽《大猎》

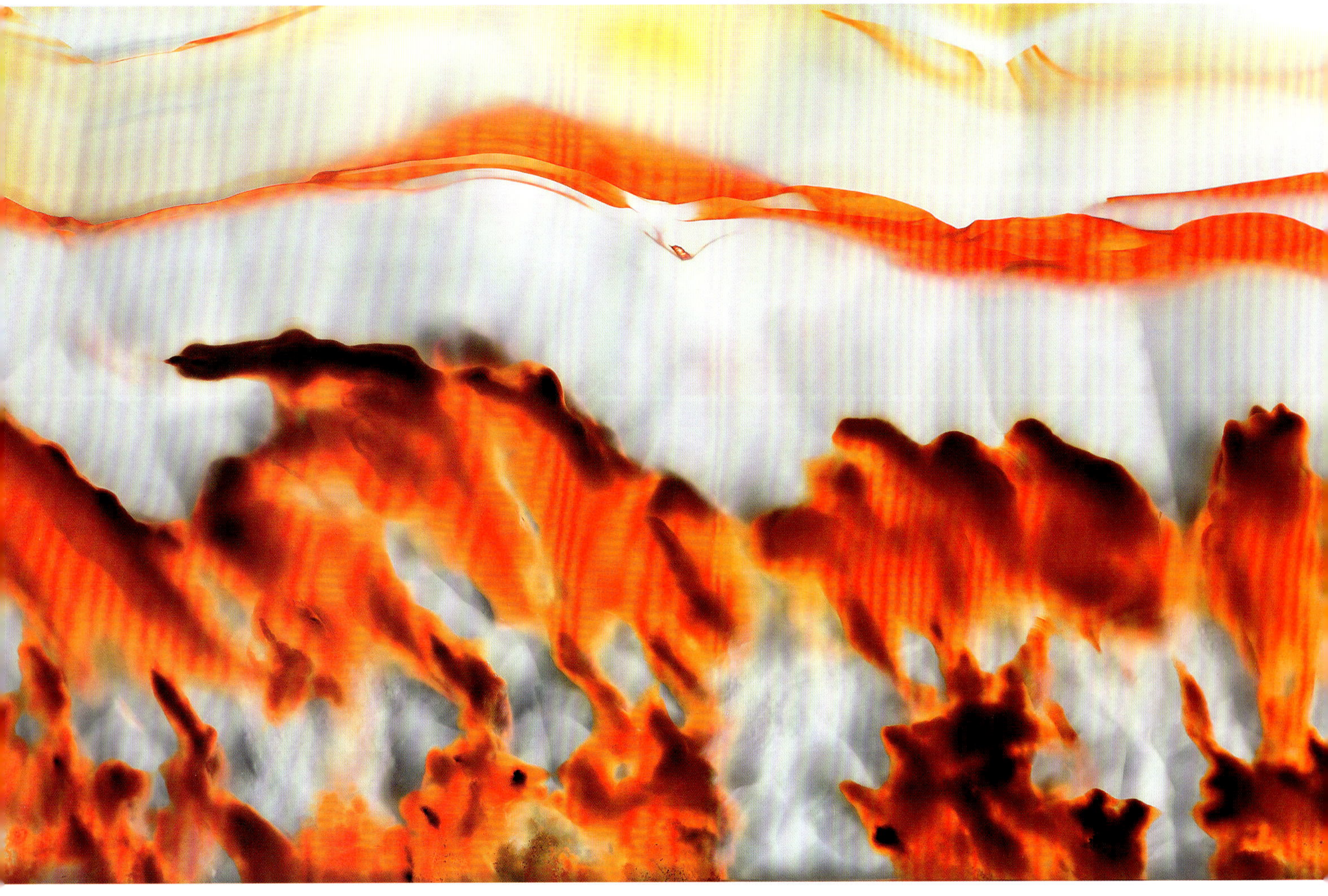

文字起源

七国争雄一统秦,江山面貌一时新。
语言文字各不同,唯有汉字通古今。

象战

高山连沃土,恒河孕天竺。
战象对铁骑,威名已作古。

春日

胜日寻芳泗水滨，无边光景一时新。
等闲识得东风面，万紫千红总是春。
　　　　　——宋·朱熹《春日》

云霄

明月几时有?
把酒问青天。
不知天上宫阙,今夕是何年?
我欲乘风归去,又恐琼楼玉宇,高处不胜寒。
——宋·苏轼《水调歌头》

日食

日为阳之宗,万象皆影随。
惊闻天狗虐,日壁无全规。
金乌失焰彩,如月初蛾眉。
仰天不能救,顿足飞清泪。

原/图/欣/赏

PHOTOS APPRECIATION

注：单位：mm

山人遗墨

69 × 63 × 27

鹤梦图

50 × 60 × 30

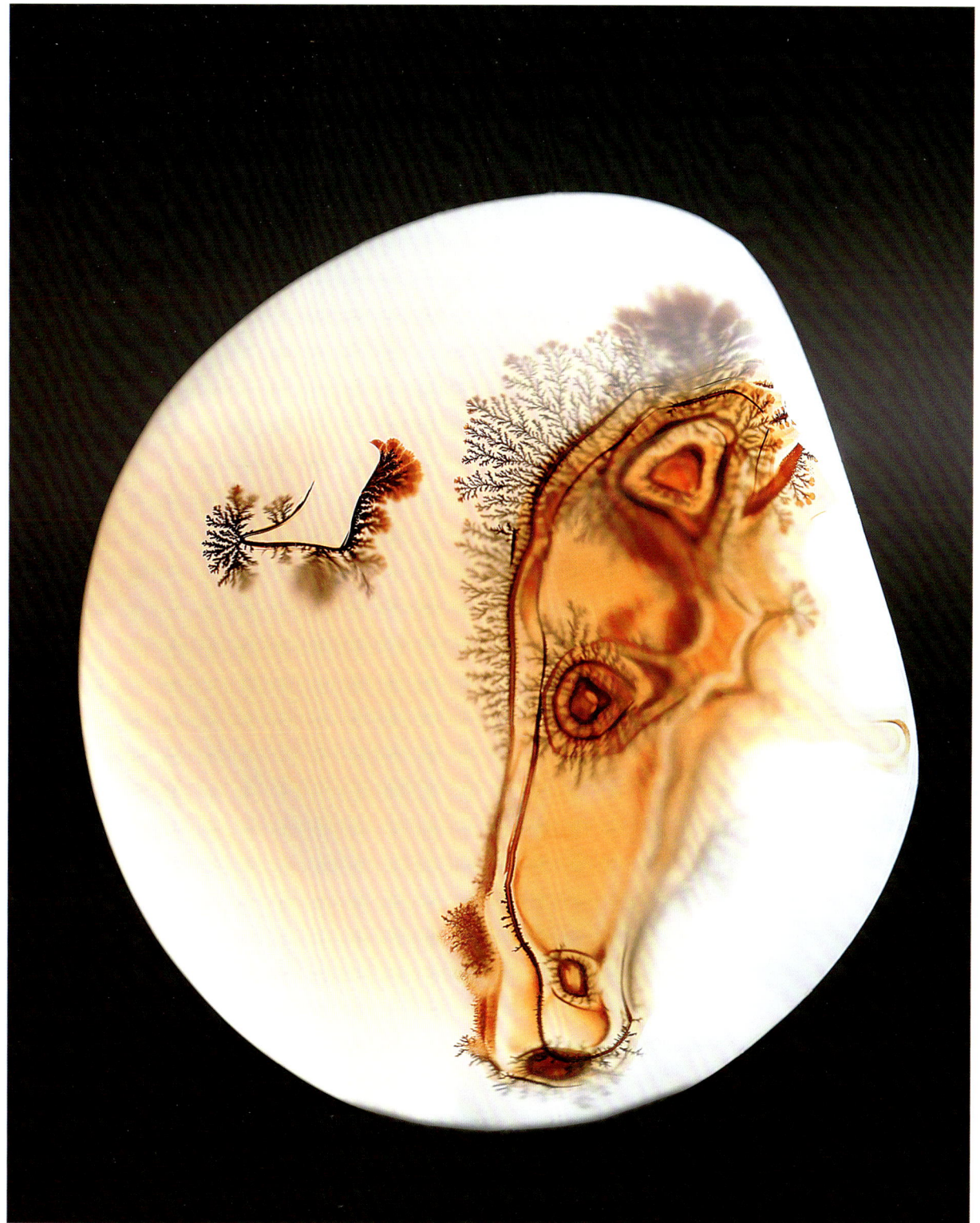

马首是瞻

67×77×24

禅林清音

180×85×25

吉星高照

155×91×26

礼佛

70×110×10

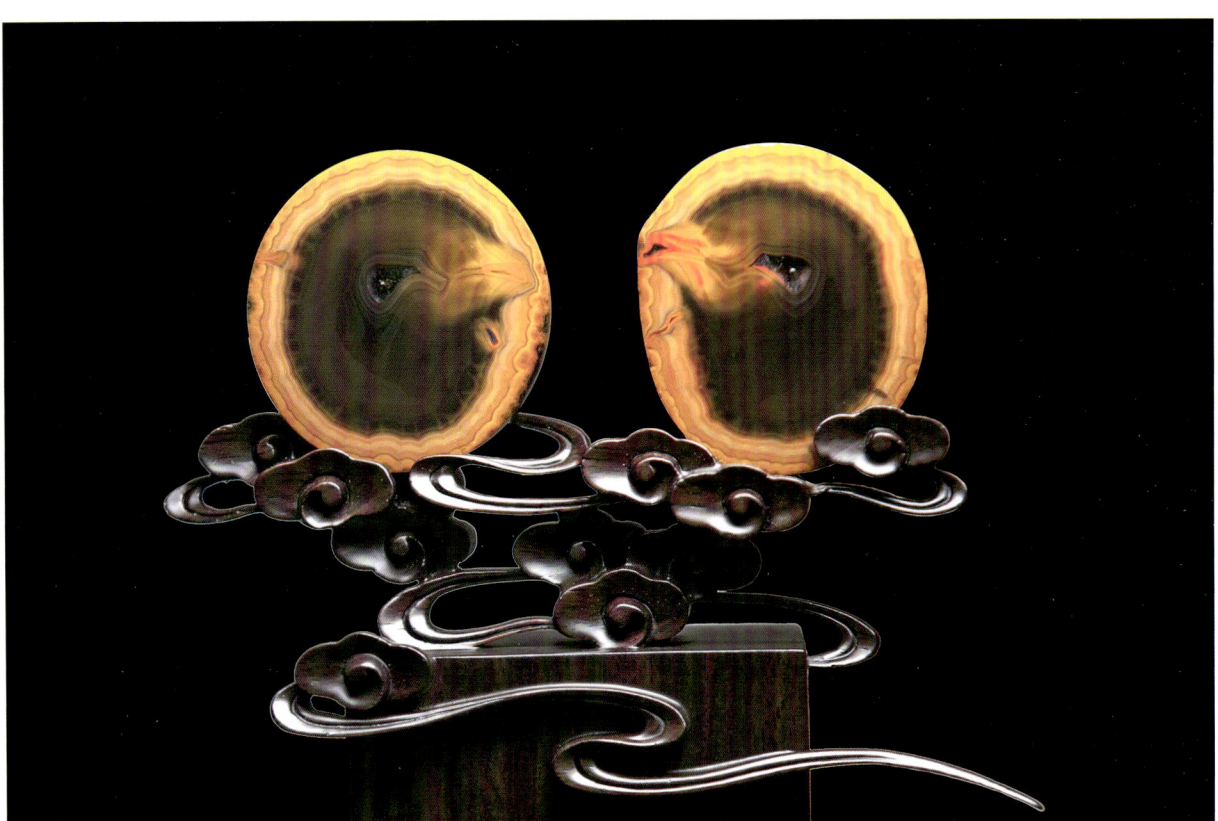

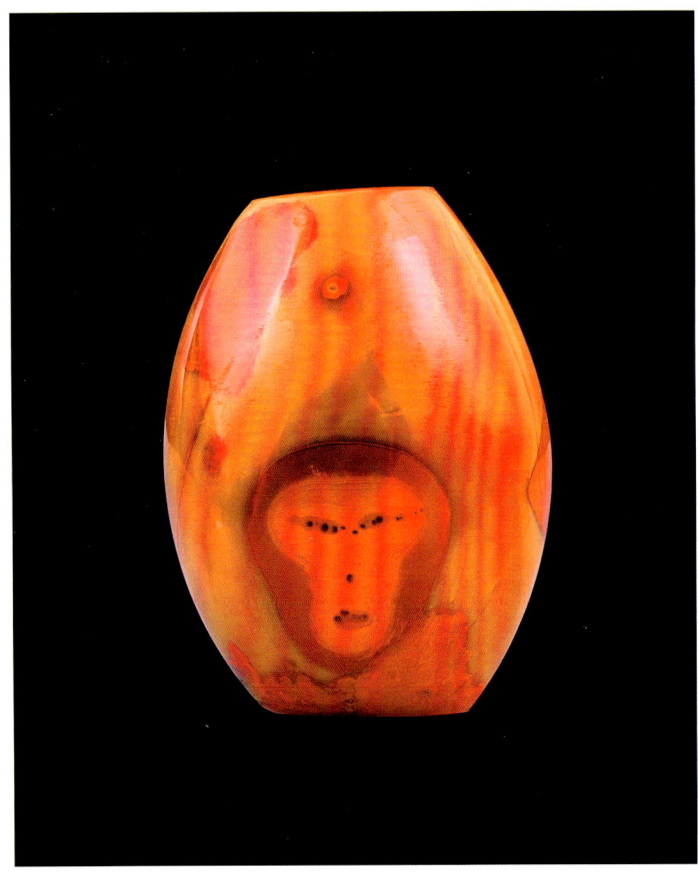

千年石恋

60×60×8

火眼金睛

30×30×25

力量

56×56×5

茶神

45×97×4

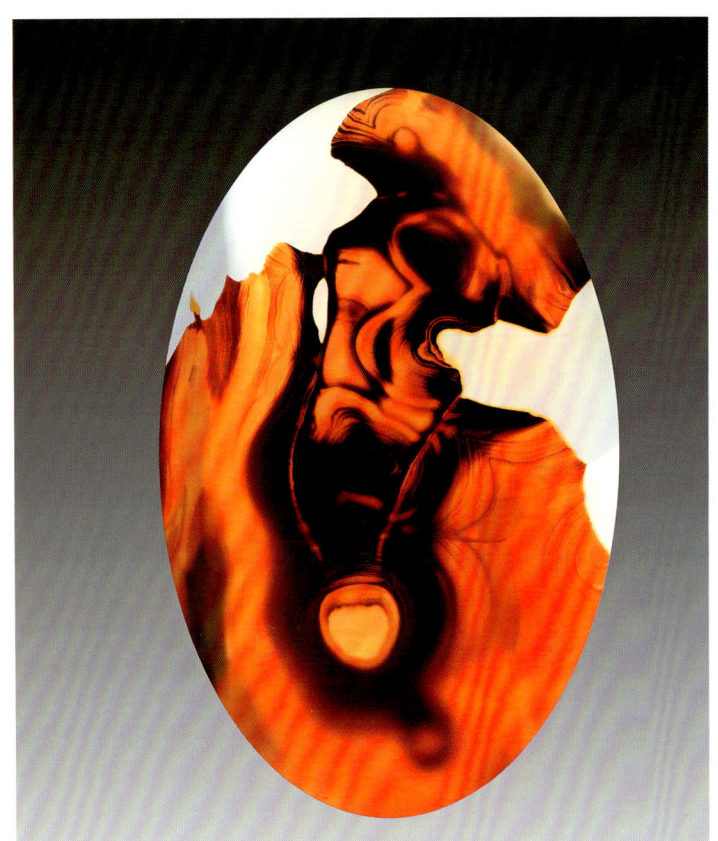

波斯商人

41×58×7

君临天下

45×60×11

彝族少女

50×92×4

C 形龙

45×45×6

贵妇

46×46×4

爱的礼物

45×64×4

灵鹿

38×56×5

穿山甲

55×37×9

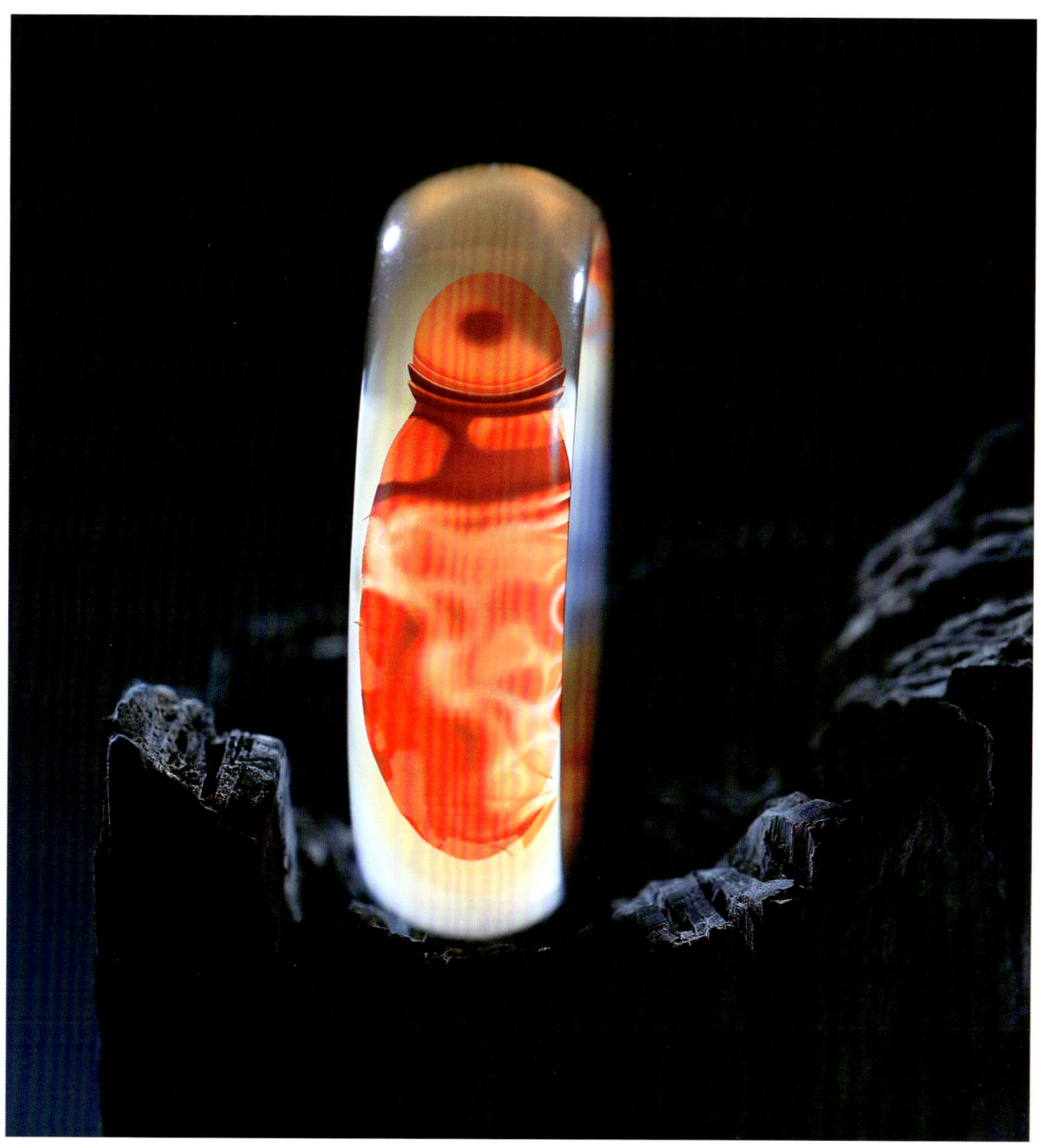

一路平安

61×20×7

洛神

70×120×18

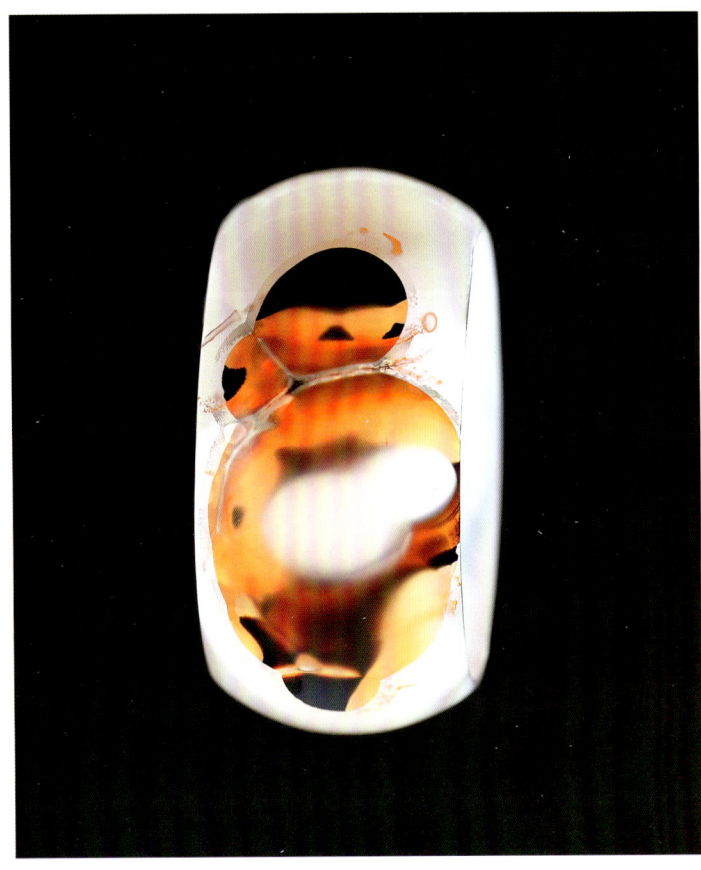

梦娃

55×32×8

吃惊

15×50×6

代代猴

15×60×6

银狐

80×76×6

宫装

115×150×6

玉壶天绘

75×105×30

四季歌

50×75×28

墨韵

40×60×6

风骨

35×77×35

大漠雄关

58×21×8

丹霞风光

64×26×8

虬龙

55×55×4

年年有余

45×45×7

青鲤

60×22×8

托付

132 × 48 × 4

笑看天下

43 × 43 × 5

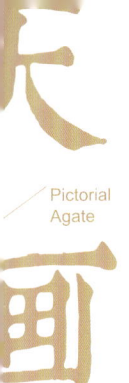

Pictorial Agate

风骨

跋

去年四月，正是中原大地万物复苏、春暖花开之季，我踏上了探寻天画的旅程。沿途拜访了"玛瑙之乡"阜新和"海玉之都"赤峰，见到了想见的人，看到想看的精品实物，按照拍摄计划，初战告捷，进而坚定走下去的信心。

经过几次短暂出行和集中拍摄，到2017年底，书稿基本成形。接下来就是等待，等待选题申报结果，等待书稿编辑效果，更主要的是等待更好的图纹玛瑙精品出现，并不断充实到《天画》中来。筹备过程中，我把所思所想、所感所悟、所见所闻写下来，以便与喜爱天画艺术的朋友们分享和交流。

一、在探索中寻求超越

四年前，中国摄影家协会副主席、河南省摄影家协会主席刘鲁豫先生看过《石破天惊——中国象形玛瑙收藏与欣赏》画册清样之后，直言不讳地说，作为摄影师拍摄玛瑙收藏品，无可厚非，但作为摄影家从事艺术创作，你可以把镜头抵得更近一些。

2016年在昆明泛亚石博会上，经人介绍认识了微信群里的石友"长白山人"李林。他对玛瑙里的天然图案非常痴迷，称之为"天画"。为了天画的宣传推广，他开通了"天画世界"微信公众号；为了天画版权保护，他为作品《故乡》申请了版权保护登记。这种做法，在全国尚属首例，有着十分重要的象征意义。他还在朋友圈里发表了《天画赋》《天画与养生》《天画倡议书》等原创作品，成为宣传天画艺术的先锋战士。

以我个人的理解，"天"就是大自然，"天"就是至高无上。拍摄了多年的图纹玛瑙，我忽然茅塞顿开，原来小小的图纹玛瑙，就是浓缩的大自然。围绕这本书的命名，我反复斟酌了很长时间，感觉还是"天画——玉髓、玛瑙里的秘密"更符合我的初衷。

因为工作原因，"世界那么大"，我却不能经常去看看。可是我依然离她那么近！甚至于时常捧在手里，挂在胸前，随我的心脏一起跳动。

镜头抵得更近，只是为了看得更清。我被她至高无上的美所打动，不愿意漏掉微信群里上传的每一张图片，不愿意错过每一次高清拍摄。因为，我只想把这一"视觉盛宴"，分享给更多的人。

我曾经用近十年时间完成了中国渡槽的拍摄，又用近十年的时间完成了图纹玛瑙的拍摄，与其说完成，倒不如说开始。因为刚刚完成了一项复杂的工作，想歇歇脚，喘喘气，回头一看却又站在了新的起跑线上。因此，人的追求没有止境，最美的风景永远在路上。

人生短暂，没有几个十年供你享用。摄影家、艺术评论家鲍昆看了我的渡槽专题，对我说：你的选题很有意义，要赶紧抢救发掘，采用多手段立体式展现这一历史遗存和这段特殊的历史。可是每天围着工作转，时间和经费都难以为继，只有把时间拉长，坚持不懈才得以实现。

时间长有时间长的好处。我可以安步当车，走走停停，不慌不忙，怡然自得地欣赏一路风景，享受美好追求的过程。还可以边拍摄边学习，边学习边思考。这几年，先后撰写了《图纹玛瑙上演逆袭》《图纹玛瑙饰品：方寸之间，尽显奢华》《巴西玛瑙：惊世骇俗的"视觉盛宴"》《图纹玛瑙系列收藏：刍议生肖》等文章，陆续在《中国收藏》《宝藏》等权威杂志上发表。在此期间，从事玛瑙切片加工的作坊如雨后春笋般出现，更多的图纹玛瑙精品陆续惊艳亮相。

据不完全统计，全国玛瑙观赏石及玛瑙制品年产值10亿多元人民币。巴西玛瑙、海洋玉髓早已占据半壁江山，在我国经济下行压力下，图纹玛瑙产业逆势而上。特别是海洋玉髓的异军突起，使得多年来不温不火的玛瑙行业加速升温，市场规模不断扩大，由原来的"北阜新、南厦门"，扩大到京津冀和珠三角地区，进而南下北上，成星火燎原之势。

二、在迷惘中找准方位

曾几何时，在云南、广东等地，因为赌石，有人一夜暴富，有人债台高筑。过热的经济造就了"疯狂的石头"。而如今经济的常态化，人们投资消费的理性化，观赏石、宝玉石新品种的多样化，使得赌石不再成为翡翠的"专场"。与翡翠一样，同为泊来品的巴西玛瑙、海洋玉髓，凭借着"天然成画"的独特魅力和丰富的文化内涵，人气指数飙升，吸粉无数，逐渐成为石界新宠。

赌石之乐，乐在与赌石的缘分，乐在可遇而不可求，乐在"小概率"带来的惊喜。从数万吨原石中得到质地优良、图案精美的上品，实属不易。而且不同的切割角度和加工手法，也会导致与精美的"天画"失之交臂、空留遗憾。实际上，图纹玛瑙加工者早就加入了赌石游戏，成为赌石的"隐身玩家"，亲历"见证奇迹发生的时刻"。

提到海洋玉髓，我不得不进一步厘清它与图纹玛瑙之间的关系。直到今天，人们对带有纹理、图案的玛瑙称谓依然比较混乱，缺乏规范、统一的称谓。诸如海洋玉髓、象形玛瑙、玛瑙画面石、玛瑙图纹石、图案玛瑙、图纹玛瑙、象形图纹玛瑙等等，拍卖公司上拍带有纹理、图案的清代鼻烟壶，又叫"影子玛瑙"。名称不统一，信息就分散，不利于宣传和推广。

目前市场上玛瑙品种较多，其中纹理、图案最为丰富的主要有两种：巴西玛瑙和马达加斯加玛瑙，简称"巴料"和"马料"，近两年又出现了"巴玉""海玉"的称谓。我个人认为"图纹玛瑙"是统称，"海洋玉髓"是专指马达加斯加的玛瑙。不管"巴料""马料"，抑或"巴玉"、"海玉"，同为二氧化硅染色体，都是市场经济条件下唇齿相依、命运相连的"同胞姐妹"。

"海洋玉髓"的兴起，得益于内蒙古赤峰企业家、艺术家、收藏家徐惠恩先生。他以北方人的豪气、艺术家的才气、企业家的大气，成就了"海洋玉髓"，也成就了图纹玛瑙产业，让大批玛瑙从业者、投资收藏者心中更有底气。

图纹玛瑙的升温，还得益于玛瑙行业的适时转型——从普通的玉器工艺品、旅游产品部分转到高端艺术品；得益于早期玛瑙"画面石"发烧友数十年如一日的坚守，如孙毓琪、姜孔忠、赵立忠、李建新、彭涛、张连峰等，他

们都是象形图纹玛瑙的铁杆粉丝；更得益于互联网技术的快速发展，以及电脑和智能手机的普及，图纹玛瑙才得以广泛传播。

三、在网络中拓展视野

就像人类祖先留下的岩画，考古学家从中解读历史，文学家从中挖掘故事，艺术家从中寻找灵感。自媒体时代，微信成为"天画"爱好者沟通交流的重要平台之一。图纹玛瑙、象形玛瑙、海洋玉髓、海玉巴玉、天画艺术等微信群层出不穷，少者几十人，多者数百人，每天以刷屏的速度相互交流收藏心得，探讨发展趋势，展示得意之作，各取所需，不亦乐乎。偶尔出现一件图纹玛瑙精品，几乎瞬间便被"秒杀"，纳入收藏爱好者的囊中。

天津的宗向伟是网络上宣传象形图纹玛瑙的热心人。2013年，他在百度贴吧里建起了"玛瑙吧"，把众多玛瑙收藏爱好者聚集在贴吧里，几年下来，关注人数已达20多万人，发贴120多万次。他还建起了"象形图纹玛瑙高端收藏群"，虽然人数不足400人，但多为象形图纹玛瑙的收藏者和理论研究的探索者。

世界玛瑙文化博大精深。迄今为止，也没有权威人士对象形图纹玛瑙的来龙去脉、前世今生作出详尽解读。近年来，我不断地在互联网上游弋，在图书市场上徜徉，想找我需要的东西，但收效甚微。除了网络上台北故宫和几家拍卖行展示的影子玛瑙鼻烟壶之外，实物只见过两枚胸针：一枚是风景图案，一枚是花卉图案。两件均为白银镶嵌，古朴而典雅。据说是英国维多利亚时期的老物件。

新年伊始，孙毓琪老先生给我发来一个长长的网络链接，打开一看，原来是一些欧美国家图纹玛瑙的网络图片，英文名称为 pictorial agate。老宗收到我转发的信息之后，敏锐地觉察到中国象形图纹玛瑙寂寞的日子就要结束了。他立刻行动起来，在较短的时间里征集了99幅象形图纹玛瑙图片，在石友 Freecell 的协助下，以 pictorial agate 为名发往境外 pinterest 和 face book 等多家社交网站，国外玩家纷纷点赞、评论及转发，反响热烈。实现了图纹玛瑙信息国际互联互通，从此中国象形图纹玛瑙收藏走向了全世界！

紧接着，老宗又在石友"星期八"的帮助下，以《象形图纹玛瑙收藏走向世界获各国藏友点赞》为题，在凤凰网、搜狐网、环球收藏网等网站发布，点赞、好评如潮。很显然，网络已成为传播和推动象形图纹玛瑙发展的主要

力量。

四、在热炒中保持理性

近几年，媒体不断曝出海洋玉髓高价成交的消息，引起社会广泛关注。2015年7月，在昆明泛亚石博会上海洋玉髓《鹤梦图》以116万元成交；2017年7月，在"海玉之都"——赤峰，海洋玉髓《山人遗墨》以350万元刷新了成交纪录；2017年8月，赤峰又传来好消息，海洋玉髓《马首是瞻》以90万元成交；2017年12月，在一次玉石玛瑙精品拍卖会上，象形图纹玛瑙《鸭》拍出了65万元的高价。圈内人很清楚，几万、十几万的交易时常发生，已不是什么新鲜事。而大额交易的成功，在振奋人心、提升人气的同时，也有人投来困惑和质疑的目光。

在我多年的走访、拍摄过程中，接触过数位"开价狂人"。他们手中某一件象形图纹玛瑙精品，一开价就是数百万、上千万之巨，让人瞠目结舌。然而，当你与实物有机会亲密接触之后，你不得不承认那是件好东西，甚至堪称稀世珍宝！

再后来，我了解了更多的情况，对他们开天价这一举动有了更深的理解。原来他们普遍从商并经营过翡翠生意。按照种、水、色标准衡量翡翠，数百万、数千万，甚至是过亿的高端翡翠饰品不足为奇，相信很多人都听说过，或是亲眼看到过。试想一下，如果一只玻璃种或冰种翡翠手镯上有一个天然的象形图案，那么这只手镯会值多少钱？

从玛瑙原石到图纹玛瑙，从图纹玛瑙到天画艺术，存在着一个十分清晰的价值取向——象形。《鹤梦图》《山人遗墨》《马首是瞻》以高价成交，已经证明这一点。这些个例首先是与动物象形，其次是与名画相像。由此可以预见，在以后的交易中，除动物以外，人物及风光等象形图纹珍品很可能再一次刷新成交纪录，成为观赏石、宝玉石中的耀眼明星。

象形图纹玛瑙被誉为"艺术宝石"，我认为宝石诚可贵，艺术价更高。随着我国经济社会的发展，人们在满足物质需要之后，对精神生活肯定会有更高追求，文化艺术会越来越受到青睐和追捧。图纹玛瑙的生产加工者、投资收藏者还须理性对待高价成交和市场低迷的形势，合理解释玉髓、玛瑙普遍存在失水失色问题，尽量减少加工过程出现的惊纹现象，坚决摒弃门户之争、弄虚作假等短视行为，以诚信和质量赢得客户和市场，变小众收藏为大众赏玩，合力使图纹玛瑙产业走上健康发展的轨道。

五、在感恩中砥砺前行

《天画》的出版得到了广大藏友的鼎力支持和无私帮助。在阜新十家子镇，石友邢静和刘四陪我到市场采风，为我解疑释惑。在赤峰，海玉协会主力几乎全员出动，动员会员拿出精品配合拍摄。在济南，马仁利为避免拍摄受到打扰，干脆将自家经营的饭馆关门歇业。在深圳，李尚文先生被我的坚定执着和吃苦耐劳的精神所打动，分别时送给我一件把玩多年的黄龙玉原石——"大拇指"，他说："送这件东西给你，一是为你所作的工作点赞，二是为你的健康保驾。"接过这件带着包浆和体温的礼物，我思绪万千，百感交集……

结缘玉髓、玛瑙是我一生中幸事。只要有大家信任和支持，我会千方百计的克服能力、经费和时间上的不足，在做好本职工作的前提下，为玛瑙产业的发展献出绵薄之力。

人们喜爱、欣赏、收藏象形图纹玛瑙，并不仅仅是玛瑙本身的魔力，而是由物质到精神的升华。一旦拥有，它便在精神层面发挥审美、抚慰、庇佑、纪念和激励等诸多功能。这些功能潜移默化，影响着我们学习、生活和工作，校正我们人生的轨迹，指引我们走上健康、快乐、幸福和成功之路。

黎　军

2018年5月6日

附

巴西玛瑙：
惊世骇俗的"视觉盛宴"

黎军

公元1500年，葡萄牙航海家佩德罗·卡布拉尔抵达巴西，宣布归葡萄牙所有。由于葡殖民者的掠夺是从砍伐巴西红木开始的，"红木"（Brasil）一词逐渐成为巴西国名，并沿用至今，中文音译为"巴西"。

巴西是南美洲国土面积最大的国家，仅次于俄罗斯、加拿大、中国和美国。大部分地区属热带气候，南部部分地区为亚热带气候。亚马逊河流域面积和流量均居世界第一，那里适合植物生长，有浩瀚无际的原始森林，被誉为"地球之肺"。巴西是世界第一大咖啡生产国和出口国，巴西的彩色宝石开采量占全球的一半以上，巴西足球运动享誉全球，因此，巴西素有"咖啡王国""宝石王国""足球王国"之美誉。

巴西玛瑙堪称"世界上最绚丽的玛瑙"。它质地细腻，色彩丰富，纹理清晰，图案奇特，其中巴西红玛瑙，又称"五彩玛瑙"或"七彩玛瑙"，是巴西玛瑙中的品质最好的。巴西玛瑙里最出彩的部分，就是"象形图纹玛瑙"，俗称"象形"。其中的人物、动物及丹霞地貌等画面相似度极高，进入我国三十年来，一直受人们的追捧和青睐，已然成为投资、收藏的一大亮点。

巴西玛瑙的产地集中在巴西南部的南里奥格兰德。这里是巴西红玛瑙的唯一产地，红玛瑙的矿脉深度几乎都在地表以下0.5米~2米之间，范围从几米到几十米不等，且呈单体分布，一片一片互不相连。正因为如此，开采时，几乎是整座山丘全部挖掉。对森林、草场等自然环境的破坏也就可想而知。南里奥格兰德首府阿雷格里港西北部小镇索莱达迪（Soledade）是巴西玛瑙交易及加工基地，无论是上世纪中期的德国商人，还是后来的日本、中国台湾及中国大陆的商人，都在此采购玛瑙矿石。

巴西玛瑙形成于亿万年的火山喷发，岩浆涌动及混合、冷凝，地壳无数次的运动，挤压、变形、渗透、浸染。经过大自然的千锤百炼，形成了独特的裂理、纹理、色彩和图案。从外表看，巴西玛瑙原石朴拙无华，并无惊艳之处，然而，当人们对其进行切割加工时，往往会被它大美的"内心"所震撼——这里掩藏着一个五彩缤纷的世界，一个包罗万象的宝库。像一幅幅天然的画，像一首首无言的诗，方寸之间凝聚着天地之精华，细微之中镌刻着远古之变迁。大自然以浓墨重彩的笔触、独具匠心的构思呈现给我们一种天然艺术瑰宝。根据巴西玛瑙的特征，它的美主要表现在六个方面。

（一）质地美。巴西玛瑙硬度为摩氏7度，与翡翠相当。古代印度人看到玛瑙的颜色和美丽的花纹很像马的脑子，以为它是由马脑变成的石头，所以梵语称它为"马脑"。当玛瑙被切开以后，在透明、半透明、微透明的底子上，确实能看到像马脑一样的结构，我们称它为"蜂窝纹""龟背纹"或"水立方"，这些类似电脑图片"水印"的纹络，即便是玛瑙本身没有颜色、纹理和图案的情形之下，也能显示出其质地美感。

几乎所有的宝玉石自形成时起都深埋于地下，与湿润的泥沙为伴，因此都带有"亲水性"。一经开采，历经风吹日晒，就会不同程度地"脱水"，如果保养不善就会变得干涩、灰暗，甚至失去"珠光宝气"。而巴西玛瑙与其他玛瑙相比，无论是质地还是颜色都更稳定。经常佩戴和把玩的巴西玛瑙，会逐渐除去浮光，愈发内敛温润、通透而有亮泽。

（二）色彩美。巴西玛瑙因致色离子和杂质的颜色非常丰富，红、蓝、绿、黄、褐、紫、灰、黑等颜色都有，而更多的是红、黄、褐和白、灰、黑及其过渡色。俗话说"玛瑙带了红，一辈子不受穷"，巴西红玛瑙以红、黄色为主色调，正契合了中国人热烈、喜庆的审美习俗。在自然光下，巴西玛瑙普遍还带有一定的灰色，而"脱灰"的玛瑙一般是品质一流的玛瑙，比起有灰度的玛瑙，"脱灰"的玛瑙更加晶莹剔透、光彩照人。

（三）图纹美。纹理和图案是巴西玛瑙最显著的特征。玛瑙在形成过程中，二氧化硅低温融液流动缓慢，形成同心状、波纹状、斑纹状以及层状的纹理，同时包裹掺杂着种类繁多的矿物质，如火山灰、绿泥石、云母等，在玛瑙中形成千姿百态的图案。在逆光条件下，巴西红玛瑙的质地与图纹更生动和美丽，因此有"玛瑙背光看，越看越好看"之说。我们所见到的底色以及纹理、图案以红、黄暖色为主色调的玛瑙制品，几乎都来源于巴西红玛瑙。

（四）立体美。与一般图纹石的平面纹理、图案不同，巴西玛瑙的纹理、图案是三维立体感的。由于巴西玛瑙独特的形成过程，以及其隐晶质的结构，在其透明、半透明晶体里面，物体有明暗、大小、远近、高低之分，像自然界和人类社会的微缩景观，世间万象，尽在其中。或远山近水，或峰峦叠嶂，或海市蜃楼，或日月星辰……多角度、多视点欣赏，让人深感身临其境、流连忘返。

（五）动感美。物质是运动的，运动是有规律的。火山喷发，岩浆流动，玛瑙在热流和运动中形成，因此其运动轨迹蕴涵在表面和肌体当中，欣赏象形图纹玛瑙时，我们甚至可以感受到它的纹理是动态的，图案是动态的，色彩是动态的。动感与"神韵"有着密切联系，动感让巴西图纹玛瑙鲜活起来，让人的观赏情感鲜活起来，从而获得古人所说的言外之意、象外之象、意味无穷的美感。《罗丹艺术论》中写道："没有生命，就没有艺术。"动感是生命的表现形式，当艺术有了生命，才最能感染人、打动人。

（六）象形美。巴西象形图纹玛瑙，以"象"为贵，其价值可谓越"象"越"贵"。图纹玛瑙精品，是天然形成和后天加工共同造就，独一无二，不可再生，每一件都是艺术孤品，因此称得上精品的图纹玛瑙少之又少。在质地相同的情况下，"象"与"不象"决定其价值高低，一块图纹玛瑙与我们已知的事物相似度越高，越能体现大自然的神奇造化和鬼斧神工，越能吸引人们的视线，越能达成心灵的共鸣。

象形可分为具象、意象和抽象。人们在欣赏时，具象的画面让人清清楚楚，一目了然。而意象和抽象的画面，则各有解读，见仁见智。这样说并非否定抽象的图纹石，随着观赏石石种、创作、欣赏的多元化，在具象之外，意象和抽象反而有"独辟蹊径"之美，其而至于比象形更具魅力。每个人知识和经验的积累都是有限的，对已知和未知、宏观和微观、现实和虚拟世界中的事物更是知之甚少，很难说现在的"抽象"不是将来的"具象"。

巴西玛瑙既有着深厚的底蕴，又有着极高的颜值，令人们不得不抚掌击节、青睐有加。大自然的神工远比我们人类自身的想象与愿景美妙得多！比起星级酒店里看不懂的抽象画，巴西图纹玛瑙更值得你去琢磨、遐想，你甚至于可以从中发现国画大师的力作，从中找到凡高、毕加索等西方名画的影子……我们不禁要追问，是大自然丰富了我们的视野，还是我们无穷的想象给了大自然以神奇？

——《宝藏》杂志 2017 第 2 期

鸣谢

（按姓氏笔画排序）

马仁利	王 详	王志强	王振东	皮忠利	邢 静
刘 欢	刘 彬	刘文广	刘汝江	刘汝柱	刘国良
刘建林	庄承源	江智峰	江耀辉	关焕生	孙宏宇
李 正	李 林	李庆利	李军成	李尚文	李宝龙
苏晋云	吴沐泽	吴晓东	张连峰	张晓红	张鑫磊
陈裕章	杨 波	杨承德	宗向伟	苑晓华	金玉红
郑春添	赵 杰	赵立忠	姜孔忠	袁世明	郭同欢
郭俊泽	徐惠恩	高瑞朝	常晓彬	彭 涛	褚 斌
然 森	訾文涛	裴海燕

注：

（1）作者在尊重原图的基础上，对部分图片作了适当后期处理。
（2）作品持有者的姓名、电话等信息，不予详细标注，为表谢意，文后一并鸣谢。
（3）作品名称根据内容需要个别进行了改动，望作品持有者给予理解和海涵。

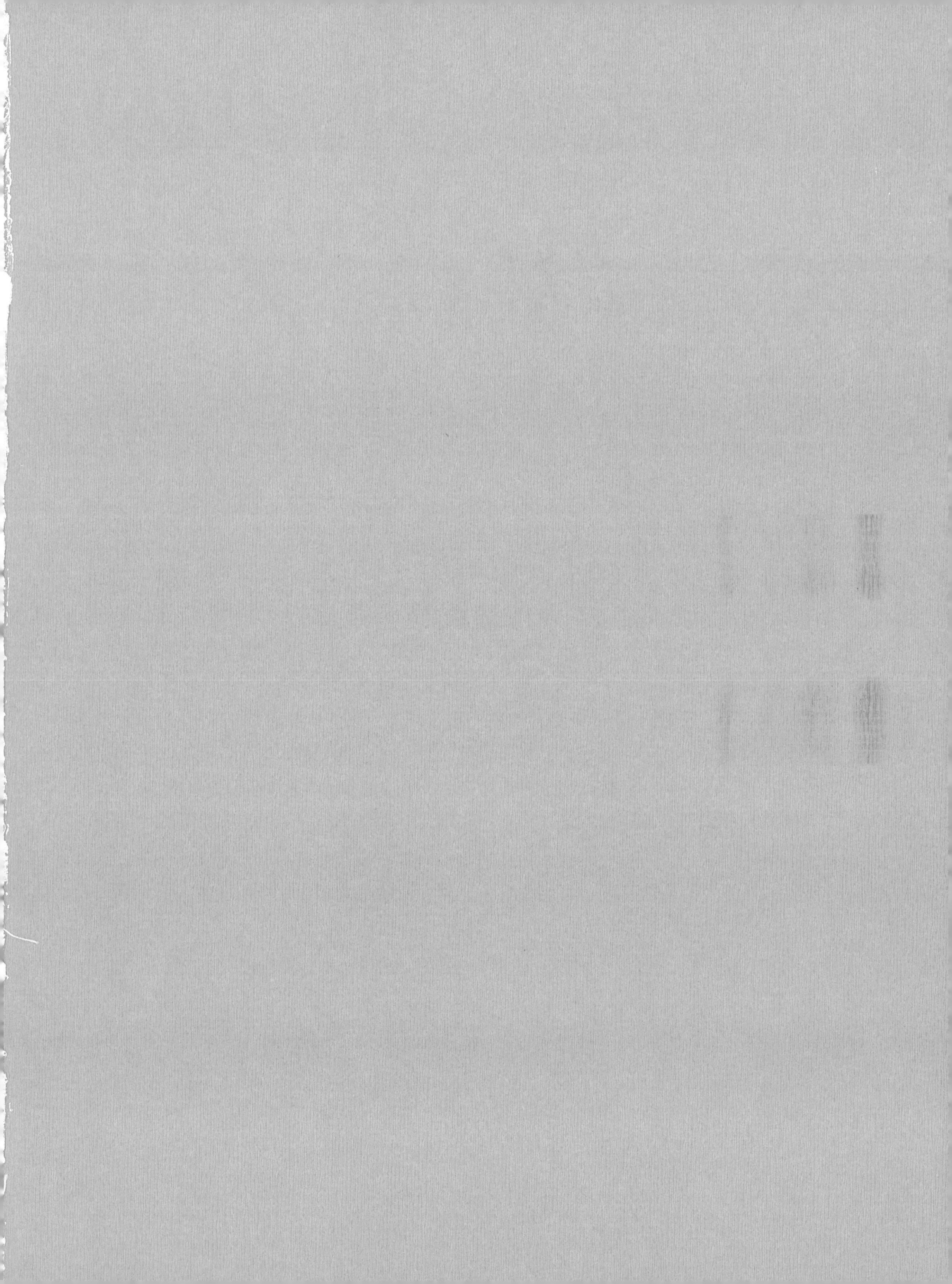